高等职业教育公共基础课系列教材
国家职业教育专业教学资源库配套教材

人工智能应用基础

主　编　杨洪雪
副主编　杜　辉
参　编　李景玉　张　萍　陈　涵　朱孔涛

机械工业出版社

本书旨在培养高职学生的信息素养、计算思维和人工智能素养等数字时代的三个基本素养。全书共分六个单元，主要内容包括开启人工智能新时代、人工智能应用微体验、图像识别、声音识别、自然语言处理和人工神经网络。本书内容选取将人工智能的基本理论知识和典型行业应用相结合，通过任务实践，将理论知识融入体验式应用案例中，做到易学、易懂、有趣。

　　本书面向高职高专院校各专业学生，选取了人工智能中的关键技术和典型应用，以 Python 为开发语言，通识与技能并重，具有很强的操作性和实用性，既可作为职业本科、高职院校"人工智能导论"通识课程的教材或参考书，也可作为计算机类、电子信息类相关专业的人工智能基础课程入门教材。

　　为方便教学，本书配备电子课件等教学资源。凡选用本书作为教材的教师均可登录机械工业出版社教育服务网（www.cmpedu.com）注册后免费下载。如有问题请致信 cmpgaozhi@sina.com，或致电 010 – 88379375 联系营销人员。

图书在版编目（CIP）数据

人工智能应用基础 / 杨洪雪主编. —北京：机械工业出版社，2023.2（2025.7 重印）
高等职业教育公共基础课系列教材
ISBN 978 – 7 – 111 – 72379 – 0

Ⅰ.①人… Ⅱ.①杨… Ⅲ.①人工智能–高等职业教育–教材 Ⅳ.①TP18

中国国家版本馆 CIP 数据核字（2023）第 025668 号

机械工业出版社（北京市百万庄大街22号　邮政编码100037）
策划编辑：赵志鹏　　　　　责任编辑：赵志鹏
责任校对：李　杉　李　婷　封面设计：马精明
责任印制：张　博
北京建宏印刷有限公司印刷
2025 年 7 月第 1 版・第 5 次印刷
184mm×260mm・9.25 印张・188 千字
标准书号：ISBN 978 – 7 – 111 – 72379 – 0
定价：49.90 元

电话服务　　　　　　　　　　网络服务
客服电话：010-88361066　　　机　工　官　网：www.cmpbook.com
　　　　　010-88379833　　　机　工　官　博：weibo.com/cmp1952
　　　　　010-68326294　　　金　书　网：www.golden-book.com
封底无防伪标均为盗版　　机工教育服务网：www.cmpedu.com

前 言
Preface

随着人工智能的飞速发展，我国政府发布了《新一代人工智能发展规划》，将人工智能上升至国家战略，明确了我国人工智能发展的战略目标，即到 2025 年部分技术与应用达到世界领先水平，2030 年成为世界主要人工智能创新中心。教育部早在 2018 年印发了《高等学校人工智能创新行动计划》，针对人工智能通识教育提出，将人工智能纳入大学计算机基础教学内容，并构建人工智能多层次教育体系；鼓励、支持高校相关教学、科研资源对外开放，建立面向青少年和社会公众的人工智能科普公共服务平台，积极参与科普工作。

信息素养、计算思维和人工智能素养是数字时代的高职学生必备的基本素养。现在很多高职院校通过组建人工智能学院、设置人工智能技术应用专业、开设人工智能通识课程等方式，积极探索高职学生人工智能素养的培养，但是适用高职层次的人工智能通识教材非常匮乏，读者需求量很大。

本书是面向高职高专院校各类专业学生的人工智能通识课程教材，采取模块化设计，以如何让机器具有看、听、读、想等人的智能为主线，按照让机器别具慧眼、耳听八方、识文断字、足智多谋四个方面、六个单元、十一个任务展开编写，选取 AI + 行业的典型应用，任务场景来源于生产生活实际，将知识有机融入各个任务。通过完成任务实现知识学习、技能训练。教材配套丰富的数字资源，包含电子课件、微课等，可登录配套慕课、资源库平台等，随时随地学习。

本书编写团队既有人工智能领域的企业工程师，也有职教名师、骨干教师。在本书编写中充分考虑了人工智能领域的未来发展、职业教育规律、职业院校学生的学习特点等因素，以学生为中心、项目导向的编写思想贯穿始终。全书由杨洪雪主持编写与统稿，其中单元一由杨洪雪编写，单元二由陈涵编写，单元三由张萍编写，单元四由杜辉编写，单元五由李景玉编写，单元六由朱孔涛编写，陈涵为全书的文字进行了审核。书中的案例设计和调试由科大讯飞（北京）有限公司的伍大勇同志完成。

限于编者水平，书中难免存在不足之处，恳请广大读者提出宝贵意见。

编 者

二维码索引

序号	名称	图形	页码	序号	名称	图形	页码
1	人工智能应用平台的使用方法		022	4	人脸识别		035
2	安装 Python 运行环境		025	5	基于百度 API 的人脸考勤		037
3	基于百度 API 的图像识别		027	6	基于百度 API 的语音识别		082

目 录
Contents

前言
二维码索引

单元一 开启人工智能新时代

【学习目标】 …………………………………………………… 001
【学习路线】 …………………………………………………… 001
【专业英文词汇】 ……………………………………………… 001
【知识准备】 …………………………………………………… 002
  一、什么是人工智能 ………………………………………… 002
  二、人工智能的发展历程 …………………………………… 003
  三、人工智能的产业结构 …………………………………… 005
  四、人工智能的核心技术 …………………………………… 006
  五、人工智能的应用领域 …………………………………… 011
【任务实践】 …………………………………………………… 013
  任务　百度人工智能云应用体验 …………………………… 013
【单元小结】 …………………………………………………… 015
【单元测试】 …………………………………………………… 015

单元二 人工智能应用微体验

【学习目标】 …………………………………………………… 017
【学习路线】 …………………………………………………… 017
【专业英文词汇】 ……………………………………………… 018
【知识准备】 …………………………………………………… 018
  一、人工智能的发展方向 …………………………………… 018
  二、人工智能（AI）开发的基本过程 ……………………… 019
【任务实践】 …………………………………………………… 021
  任务一　基于百度 API 的图像识别 ………………………… 021
  任务二　基于百度 API 的语音识别 ………………………… 028
  任务三　基于百度 API 的人脸识别 ………………………… 032
【单元小结】 …………………………………………………… 038
【单元测试】 …………………………………………………… 038

单元三
图像识别——
让机器别具慧眼

【学习目标】 …… 043
【学习路线】 …… 043
【专业英文词汇】 …… 044
【知识准备】 …… 044
　一、什么是机器学习 …… 044
　二、机器学习的主要任务 …… 045
　三、如何选择合适的算法 …… 046
　四、典型的机器学习算法 …… 047
【任务实践】 …… 050
　任务一　使用K近邻算法预测目标变量值 …… 050
　任务二　使用决策树算法预测目标变量值 …… 056
【单元小结】 …… 067
【单元测试】 …… 067

单元四
声音识别——
让机器耳听八方

【学习目标】 …… 069
【学习路线】 …… 069
【专业英文词汇】 …… 070
【知识准备】 …… 070
　一、语音识别 …… 070
　二、声纹识别 …… 070
　三、语音合成 …… 071
　四、鸡尾酒会问题 …… 072
　五、远场识别 …… 074
【任务实践】 …… 074
　任务一　语音录制并实现自动化交互问答 …… 074
　任务二　基于百度API的语音合成 …… 081
【单元小结】 …… 085
【单元测试】 …… 085

单元五 自然语言处理——让机器识文断字

【学习目标】 ····· 086
【学习路线】 ····· 086
【专业英文词汇】 ····· 087
【知识准备】 ····· 087
　一、自然语言处理简介 ····· 087
　二、自然语言处理的发展史 ····· 089
　三、自然语言处理技术 ····· 091
【任务实践】 ····· 097
　任务一　提取英文文本的词频 ····· 097
　任务二　中文文本情感分析 ····· 102
【单元小结】 ····· 108
【单元测试】 ····· 108

单元六 人工神经网络——让机器足智多谋

【学习目标】 ····· 110
【学习路线】 ····· 110
【专业英文词汇】 ····· 110
【知识准备】 ····· 111
　一、人工神经网络介绍 ····· 111
　二、深入理解神经网络 ····· 115
【任务实践】 ····· 117
　任务　基于反向传播神经网络的性别识别 ····· 117
【单元小结】 ····· 138
【单元测试】 ····· 138

参考文献 ····· 140

单元一
开启人工智能新时代

人工智能应用基础

【学习目标】

1. 能够识记人工智能的基本概念。
2. 了解人工智能的发展历程和产业结构。
3. 了解人工智能的核心技术和应用领域。
4. 能够辨析典型的人工智能应用。

【学习路线】

开启人工智能新时代
- 一、什么是人工智能：它是计算机科学的一个分支。它是研究、开发用于模拟、延伸和扩展人的智能的理论、方法、技术应用系统的一门学科
- 二、人工智能的发展历程
  - 1. 人工智能的诞生（20世纪40—50年代）
  - 2. 人工智能的黄金时代（20世纪50—70年代）
  - 3. 人工智能的低谷（20世纪70—80年代）
  - 4. 人工智能的繁荣期（1980—1987年）
  - 5. 人工智能的冬天（1987—1993年）
  - 6. 人工智能真正的春天（1993年至今）
- 三、人工智能的产业结构
  - 1. 基础层　涵盖人工智能的硬件平台，如芯片、传感器等
  - 2. 技术层　依靠计算平台和数据资源进行大规模的识别训练和机器学习建模
  - 3. 应用层　与具体场景相融合的应用，主要应用于安防、金融、医疗、交通等领域
- 四、人工智能的核心技术：机器学习、知识图谱、自然语言处理、计算机视觉、人机交互
- 五、人工智能的应用领域：制造、家居、金融、零售、交通、安防、医疗、教育、物流等各行各业
- 任务实践：任务　百度人工智能云应用体验
  - 任务描述：登录百度AI能力体验中心，进行感兴趣的应用体验
  - 任务实施：登录https://cloud.baidu.com/experience网址，进行体验
  - 新手试练：地标识别

【专业英文词汇】

Artificial Intelligence（AI）：人工智能

Machine Learning（ML）：机器学习

Knowledge Graph：知识图谱

Natural Language Processing（NLP）：自然语言处理

Computer Vision（CV）：计算机视觉

Intelligent Traffic System（ITS）：智能交通系统

【知识准备】

一、什么是人工智能

早在2004年，电影《我，机器人》的上映就已经让人们体会到了人工智能的强大。到2016年，AlphaGo与李世石的人机"世纪大战"再一次将人工智能推向了各大媒体的头条位置。在百度上搜索"人工智能"，得到的相关链接有上千万条，人工智能已经从只有科学家才会讨论的话题，变成了大街小巷人们饭后的谈资。那么，人工智能究竟是什么呢？

从字面上，可以把人工智能分为"人工"和"智能"两个部分，其中"人工"即人力制造的。在科学界，虽然表达的方式有所不同，但是"人工"的意思却相差无几：系统内的个体根据人为的、预先编排好的规则或计划好的方向运作，以实现或完成系统内各个体不能单独实现的功能、性能与结果。简单来说，就是由人工安排好了一切。虽然"人工"好解释，但是"智能"这个问题却激起了无数科学家激烈的辩论，什么是智能？有没有超越人类的智能存在？由于我们对自身智能的理解也非常有限，因此就非常难定义什么是人工制造的"智能"。所以，通常认为人工智能除了研究人类本身的智能，也研究其他人造系统或者动物的智能。

人工智能（Artificial Intelligence，AI）是计算机科学的一个分支，它是研究、开发用于模拟、延伸和扩展人的智能的理论、方法、技术应用系统的一门学科。这门学科的研究范围包括语言识别、图像识别、专家系统和我们最熟悉的机器人等。人工智能是一种对人的意识、思维的模拟，虽然它不是人类的智能，但却能像人类那样思考甚至超过人类的智能。人工智能是涉及计算机科学、统计学、脑神经学、社会科学等学科的综合学科。其目标是希望计算机拥有像人一样的智力能力，可以替代人类实现识别、认知、分类和决策等多种功能，该领域的研究包括机器人、语言识别、图像识别、自然语言处理和专家系统等，如图1-1所示。人工智能可以分为弱人工智能、强人工智能、超人工智能，它被称为20世纪世界三大尖端技术（空间技术、能源技术、人工智能）之一和21世纪世界三大尖端技术（基因工程、纳米科学、人工智能）之一。

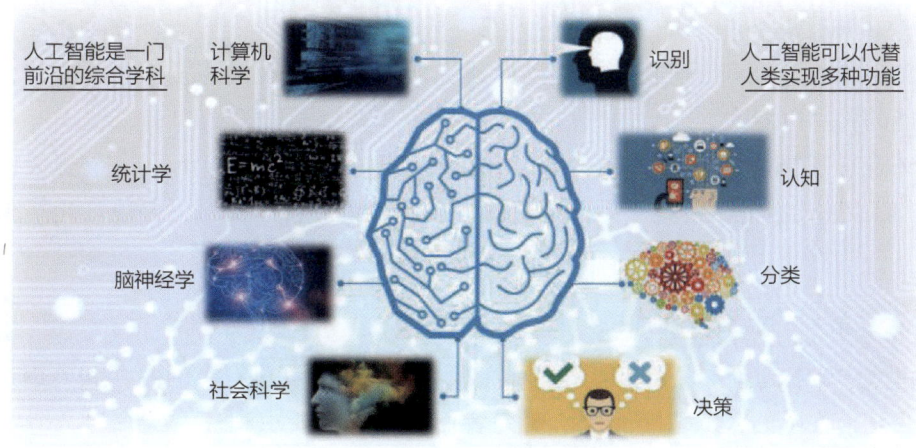

图1-1　人工智能示意图

二、人工智能的发展历程

1. 人工智能的诞生（20世纪40—50年代）

1950年，著名的图灵测试诞生，按照艾伦·麦席森·图灵的定义：如果一台机器能够与人类展开对话（通过电传设备）而不能被辨别出其机器身份，那么称这台机器具有智能。同一年，图灵还预言了创造出具有真正智能的机器是有可能的。

1954年，美国人乔治·戴沃尔设计了世界上第一台可编程机器人。

1956年，美国达特茅斯学院举行了历史上第一次人工智能研讨会（见图1-2），这被认为是人工智能诞生的标志。会上，麦卡锡首次提出了"人工智能"这个概念，纽厄尔和西蒙则展示了编写的逻辑理论机器。

图1-2　诞生人工智能概念的达特茅斯会议部分与会人员合影

2. 人工智能的黄金时代（20世纪50—70年代）

1966—1972年期间，美国斯坦福国际研究所研制出机器人Shakey，这是首台采用人工智能的移动机器人。

1966年，美国麻省理工学院（MIT）的维森鲍姆发布了世界上第一个聊天机器人ELIZA。ELIZA的智能之处在于她能通过脚本理解简单的自然语言，并能产生类似人类的互动。

3. 人工智能的低谷（20世纪70—80年代）

20世纪70年代初，人工智能遭遇了瓶颈，当时的计算机有限的内存和处理速度不足以解决任何实际的人工智能问题。研究者们很快发现要求程序对这个世界具有儿童水平的认识这个目标难以实现，在1970年没人能够做出如此巨大的数据库，也没人知道一个程序怎样才能学到如此丰富的信息。由于缺乏进展，对人工智能提供资助的机构，逐渐停止了对无方向的人工智能研究的资助。美国国家科学研究委员会（NRC）在拨款两千万美元后停止了资助。

4. 人工智能的繁荣期（1980—1987年）

1981年，日本经济产业省拨款8.5亿美元用以研发第五代计算机项目，在当时被叫作人工智能计算机。随后，英国、美国纷纷响应，开始向信息技术领域的研究提供大量资金。

1984年，在美国人道格拉斯·莱纳特的带领下，Cyc项目启动，其目标是使人工智能能够以类似人类推理的方式工作。

5. 人工智能的冬天（1987—1993年）

"AI（人工智能）之冬"一词是经历过1974年经费削减的研究者们创造出来的，他们注意到了人们对专家系统的狂热追捧，并预计不久后人们将会对此失望。事实被他们不幸言中，专家系统的实用性仅仅局限于某些特定情景。到了20世纪80年代晚期，美国国防部高级研究计划局（DARPA）的新任领导认为人工智能并非"下一个浪潮"，遂将拨款倾向于那些看起来更容易出成果的项目。

6. 人工智能真正的春天（1993年至今）

1997年5月11日，IBM公司的电脑"DeepBlue"战胜国际象棋世界冠军卡斯帕罗夫，成为首个在标准比赛时限内击败国际象棋世界冠军的电脑系统。

2011年，作为IBM公司开发的使用自然语言回答问题的人工智能程序，Watson（沃森）参加了美国智力问答节目，打败了两位人类冠军，赢得了100万美元奖金。

2012年，加拿大神经学家团队创造了一个具备简单认知能力、有250万个模拟"神经元"的虚拟大脑并命名为"Spaun"，它通过了最基本的智商测试。

2013 年的主要事件有，Facebook 人工智能实验室成立，主要探索深度学习领域，借此为 Facebook 用户提供更智能化的产品体验；Google 收购了语音和图像识别公司 DNNResearch，推广深度学习平台；百度创立了深度学习研究院等。

2015 年的主要事件有，Google 开源了利用大量数据就能直接训练计算机来完成任务的第二代机器学习平台 TensorFlow；剑桥大学建立了人工智能研究所等。

2016 年 3 月 15 日，Google 人工智能 AlphaGo 与围棋世界冠军李世石的人机大战最后一场落下了帷幕。人机大战第五场经过了长达 5 个小时的搏杀。最终李世石与 AlphaGo 总比分定格在 1 比 4，以李世石认输结束。这一次的人机对弈让人工智能正式被世人所熟知，整个人工智能市场也像是被引燃了导火线，开始了新一轮的爆发。

三、人工智能的产业结构

人工智能作为全球科技革命和产业革命的制高点，已经成为推动经济社会发展的新引擎。人工智能产业是一个以人工智能关键技术为核心的、由基础支撑和应用场景组成的、覆盖领域非常广阔的产业。人工智能产业从结构上分为三个层次：基础层、技术层、应用层，如图 1-3 所示。

图 1-3 人工智能的产业结构

1. 基础层

基础层是指为人工智能技术提供计算能力和支持服务的硬件平台，以数据、算力、算法为核心，包括芯片、传感器、数据和服务。

2. 技术层

技术层是为了解决特定类型的问题，依靠计算平台和数据资源进行大规模的识别训练和机器学习建模，开发不同领域的应用技术，其中最关键的技术能力包括计算机视觉（图像识别与分析）、语音识别与自然语言处理技术（语音识别与处理）、机器学习与深度学习（分析决策行动）等。

3. 应用层

应用层是将前述能力与具体场景相融合，通过解决实际问题，帮助企业、城市管理者提高运营效率或优化用户体验等，目前其主要应用的场景如安防、金融、医疗、交通等领域。

四、人工智能的核心技术

人工智能，简单地说，可以理解为让机器能够完成一些人能做的事情。从技术层面看，主要包括感知、认知、执行三个层次。感知技术主要包括机器视觉、语音识别等；认知技术主要包括机器学习技术等；执行技术包括人工智能与机器人结合的硬件技术以及智能芯片的计算技术。

1. 机器学习

（1）什么是机器学习

机器学习（Machine Learning）是一门涉及统计学、系统辨识、逼近理论、神经网络、优化理论、计算机科学、脑科学等诸多领域的交叉学科。它主要研究计算机怎样模拟或实现人类的学习行为，以获取新的知识或技能，重新组织已有的知识结构，使之不断改善自身的性能。基于数据的机器学习是现代智能技术中的重要方法之一，研究从观测数据（样本）出发寻找规律，利用这些规律对未来数据或无法观测的数据进行预测。根据学习模式、学习方法以及算法的不同，机器学习存在不同的分类方法：根据学习模式不同，机器学习可分为监督学习、无监督学习和强化学习；根据学习方法不同，机器学习可分为传统机器学习和深度学习。

机器学习的算法有很多种，一些较常见的算法有：K相邻（KNN）、决策树（DT）、朴素贝叶斯（NB）、逻辑回归、支持向量机（SVM）、K均值、随机森林（RF）、最大期望（EM）算法、深度学习（DL）以及人工神经网络（ANN）等。机器学习的常见算法还包括迁移学习、主动学习和演化学习等。

在传统的计算方法中，计算机只是一个计算工具，按照人类专家提供的程序运算。在机器学习中，只要有足够的数据和相应的规则算法，计算机就有能力在不需要人工输入的情况下，对已知或未知的情境做出判断或预测，学习数据背后的规则。简而言之，机器学习就是研究如何让机器像人类一样"思考与学习"，这与机器按照人类专家提供的程序工作有本质的区别。

(2) 机器学习的基本流程

通常人类的学习过程要经历三个阶段：知识积累、总结规律、灵活运用。类似地，机器学习也分为输入、学习、输出三个阶段，机器学习的基本流程如图1-4所示。

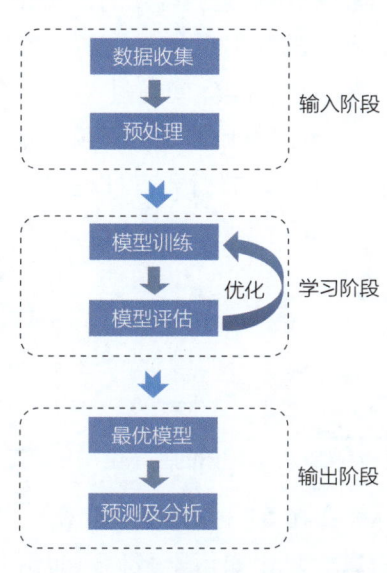

图1-4 机器学习的基本流程

数据的输入阶段，包括数据的收集和预处理。机器学习的核心是数据，收集充足的数据并建立有效的数据集是数据挖掘的前提。数据应尽可能完整且分布均匀。原始数据可以是文本、数值甚至音像，但数据呈现的形式往往会影响模型学习。对于相同的原始数据，机器学习算法使用一种格式可能比使用另一种更有效，输入数据的表现形式越合适，算法将其映射到输出数据的精度就越高。原始数据转化成更适合的算法形式的过程被称为特征化或特征工程。

模型的学习阶段，是指通过一定的算法对数据进行识别分析或探寻数据间的隐含关系。此阶段通常包括算法的选择、模型结构参数优化、训练及测试等过程。不同算法依据不同的数学原理，也对应不同的模型结构参数，算法与数据的契合程度决定了学习模型的准确度；可以通过增加有效训练数据、优化模型结构和参数等方式获得最优模型。

最后的输出阶段，就是利用优化好的模型对未知的数据做出预测或者分析。机器学习适用范围非常广，实际效果取决于模型的精度；通俗地说，就是是否已经通过学习大量相似的老问题，总结出非常可靠的经验规律来解决一个新问题。

2. 知识图谱

（1）什么是知识图谱

知识图谱（Knowledge Graph）是知识工程的分支，在人工智能领域有重要的作用。我们日常使用的搜索引擎背后的工作逻辑、电商平台的智能推荐等都运用了知识图谱。

知识图谱在 2012 年由 Google 提出，是结构化的语义知识库，用于以符号形式描述物理世界中的概念及其相互关系，其基本组成单位是"实体——关系——实体"三元组，以及实体及其相关属性——值对，实体间通过关系相互联结，构成网状的知识结构。图 1-5 展示了知识图谱的基本结构和单元，圆圈也就是节点，代表实体，箭头也就是边，代表关系。图中表示的知识用自然语言可以表述为"蓝天野出演了《茶馆》"。

图 1-5　知识图谱的基本结构和单元

同时每个节点代表的实体还存在着一些属性，如图 1-6 所示，"茶馆"这个节点，我们可以把一些基本信息作为属性，比如话剧名称、演出时间、话剧类型等。知识图谱就是由这些节点和边组成的网络状的知识库。

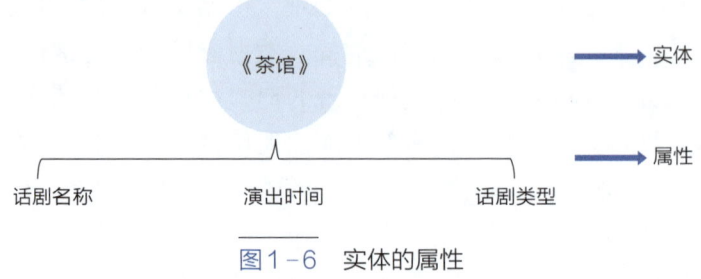

图 1-6　实体的属性

（2）知识图谱的分类

知识图谱按照功能和应用场景，可以分为通用知识图谱和领域知识图谱。其中通用知识图谱面向的是通用领域，强调知识的广度，形态通常为结构化的百科知识，针对的使用者主要为普通用户；领域知识图谱则面向某一特定领域，强调知识的深度，通常需要基于该行业的数据库进行构建，针对的使用者为行业内的从业人员以及潜在的业内人士等。

（3）知识图谱的构建

如图 1-7 所示，建立一个知识图谱首先要获取数据，这些数据就是知识的来源，它们可以是一些表格、文本、数据库等。根据类型不同，数据可以分为结构化数据、非结构化数据和半结构化数据。结构化数据为表格、数据库等按照一定格式表示的数据，通常可以直接用来构建知识图谱。非结构化数据为文本、音频、视频、图片等，需要对它们进行信息抽取才能进一步建立知识图谱。半结构化数据是介于结构化和非结构化之间的一种数据，也需要进行信息抽取才能建立知识图谱。拿到不同来源的数据时，需要对数据进行知识融合，也就是把代表相同概念的实体合并，将多个来源的数据集合并成一个数据集，这样就得到了最终的数据，在此基础上就可以建立相应的知识图谱了。知识图谱通过知识推理等技术能够获得新的知识，所以通过知识推理可以不断完善现有的知识图谱。

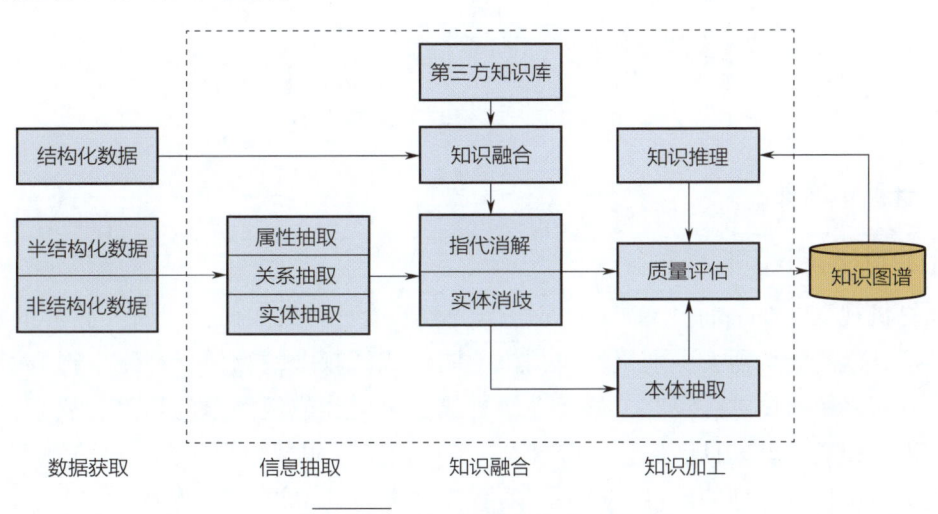

图1-7 知识图谱的构建流程

3. 自然语言处理

自然语言是指汉语、英语、法语等人们日常使用的语言。

自然语言处理（Natural Language Processing，NLP）是计算机科学领域与人工智能领域中的一个重要方向，它研究能实现人与计算机之间用自然语言进行有效通信的各种理论和方法。

自然语言处理是指用计算机对自然语言的形、音、义等信息进行处理，即对字、词、句、篇章的输入、输出、识别、分析、理解、生成等的操作和加工。自然语言处理流程如图1-8所示。实现人机间的信息交流，是人工智能、计算机科学和语言学所共同关注的重要问题。自然语言处理的具体表现形式包括机器翻译、文本摘要、文本分类、文本校对、信息抽取、语音合成、语音识别等。可以说，自然语言处理就是要计算机理解自然语言。自然语言处理机制涉及两个流程，自然语言理解和自然语言生成。自然语言理解是指计算机能够理解自然语言文本的意义，自然语言生成则是指以自然语言文本来表达给定的意图。典型的应用案例有多语种数据库和专家系统的自然语言接口、各种机器翻译系统、全文信息检索系统、自动文摘系统等。

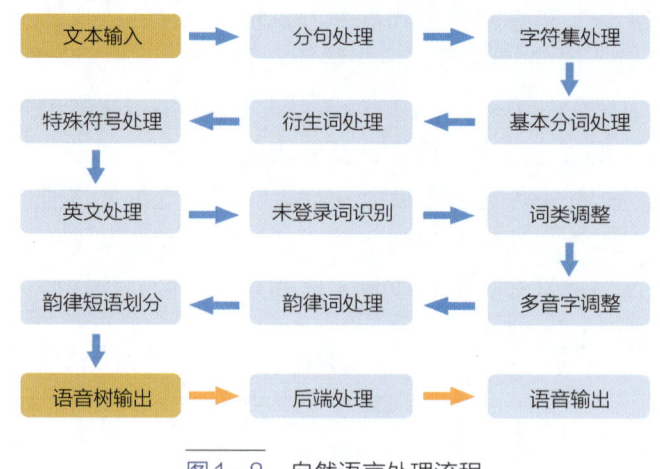

图1-8 自然语言处理流程

4. 计算机视觉

(1) 什么是计算机视觉

计算机视觉（Computer Vision）是一门"教"会计算机如何去"看"世界的学科。具体地说，就是让机器去识别摄像机拍摄的图片或视频中的物体，检测出物体所在的位置，并对目标物体进行跟踪，从而理解并描述出图片或视频里的场景和故事，以此来模拟人脑视觉系统。自动驾驶、机器人、智能医疗等领域均利用了计算机视觉技术，从视觉信号中提取并处理信息。近来，随着深度学习的发展，预处理、特征提取与算法处理渐渐融合，形成端到端的人工智能算法技术。根据解决的问题不同，计算机视觉可分为计算成像学、图像理解、三维视觉、动态视觉和视频编解码五大类。

计算机视觉技术经过几十年的发展，已经在交通（车牌识别、道路违章抓拍）、安防（人脸闸机、小区监控）、金融（刷脸支付、柜台的自动票据识别）、医疗（医疗影像诊断）、工业生产（产品缺陷自动检测）等多个领域应用，影响或正在改变人们的日常生活和工业生产方式。未来，随着技术的不断演进，必将涌现出更多的利用计算机视觉技术的产品和应用，为我们的生活创造更大的便利和更广阔的机会。

(2) 计算机视觉系统构成

从字面意思来理解，"视"是将外界信息通过成像来生成数字信号反馈给计算机，它需要依靠一整套的硬件解决方案，包括光源、相机、图像采集卡、视觉传感器等。"觉"则是计算机对数字信号进行处理和分析，主要是软件算法。

因此，计算机视觉系统架构主要分为硬件设备和软件算法两部分，其中硬件设备主要包括光照系统、OCD摄像机、图像采集卡、工业计算机和控制机构等，如图1-9所示。

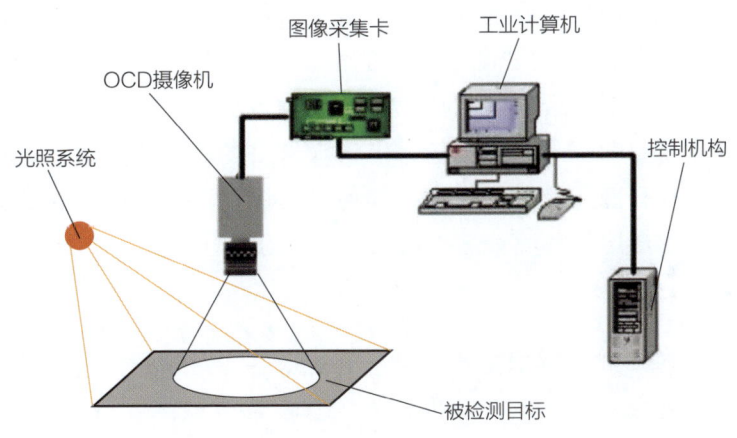

图1-9　计算机视觉应用系统构成

5. 人机交互

人机交互主要研究人和计算机之间的信息交换，主要包括人到计算机和计算机到人的两部分信息交换，它是人工智能领域重要的外围技术。人机交互是与认知心理学、人机工程学、多媒体技术、虚拟现实技术等密切相关的综合学科。传统的人与计算机之间的信息交换主要依靠交互设备进行，主要包括键盘、鼠标、操纵杆、数据服装、眼动跟踪器、位置跟踪器、数据手套、压力笔等输入设备，以及打印机、绘图仪、显示器、头盔式显示器、音箱等输出设备。人机交互技术除了传统的基本交互和图形交互外，还包括语音交互、情感交互、体感交互及脑机交互等技术。

五、人工智能的应用领域

人工智能已经走进了我们的生活，并应用于各个领域，它不仅给许多行业带来了巨大的经济效益，也为我们的生活带来了许多改变和便利。

1. 制造

随着工业4.0时代的到来，传统制造业对人工智能的需求开始爆发，众多提供智能工业解决方案的企业应势而生。人工智能在制造业的应用主要有三个方面：首先是智能装备，包括自动识别设备、人机交互系统、工业机器人以及数控机床等具体设备；其次是智能工厂，包括智能设计、智能生产、智能管理以及集成优化等具体内容；最后是智能服务，包括大规模个性化定制、远程运维以及预测性维护等具体服务模式。虽然目前人工智能的解决方案尚不能完全满足制造业的需求，但作为一项通用性技术，人工智能与制造业融合是大势所趋。

2. 家居

智能家居主要是基于物联网技术，通过智能硬件、软件系统、云计算平台构成一套完整的家居生态圈。用户可以远程控制设备，设备间可以互联互通并通过进行自我学习等来整体优化家居环境的安全性、节能性、便捷性等。值得一提的是，近两年，随着智能语音技术的发展，智能音箱成为一个爆发点；小米、天猫等企业纷纷推出自身的智能音箱，不仅成功打开家居市场，也为未来更多的智能家居用品培养了用户习惯。但目前家居市场智能产品种类繁杂，如何打通这些产品之间的沟通壁垒，以及建立安全可靠的智能家居服务环境，是该行业下一步的发力点。

3. 金融

人工智能在金融领域的应用主要包括：智能获客、身份识别、大数据风控、智能投顾、智能客服、金融云等。该行业也是人工智能渗透最早、最全面的行业。未来，人工智能也将持续带动金融行业的智能应用升级和效率提升。

4. 零售

人工智能在零售领域的应用已经十分广泛，无人便利店、智慧供应链、客流统计、无人仓/无人车等都是热门方向。京东自主研发的无人仓采用了大量智能物流机器人进行协同与配合，通过人工智能、深度学习、图像智能识别、大数据应用等技术，让工业机器人可以进行自主的判断和行为，完成各种复杂的任务，在商品分拣、运输、出库等环节实现自动化。

5. 交通

智能交通系统（Intelligent Traffic System，ITS）是通信、信息和控制技术在交通系统中集成应用的产物。ITS 应用最广泛的是日本，其次是美国、欧洲等。目前，我国在 ITS 方面的应用主要是通过对交通中的车辆流量、行车速度进行采集和分析，对交通进行实时监控和调度，有效提高通行能力、简化交通管理、降低环境污染等。

6. 安防

安防领域涉及的范围较广，小到关系个人、家庭，大到与社区、城市、国家安全息息相关。智能安防也是国家在城市智能化建设中投入比重较大的项目。在经历了数字化、网络化发展后，安防行业未来将向智能化深度发展，智能安防市场规模也将持续增长，预计到 2026 年，市场规模有望突破 2500 亿元。目前智能安防类产品主要有四类：人体分析、车辆分析、行为分析以及图像分析。

7. 医疗

目前，在垂直领域的图像算法和自然语言处理技术已可以基本满足医疗行业的需求。尽管智能医疗在辅助诊疗、疾病预测、医疗影像辅助诊断、药物开发等方面发挥了重要作用，但由于各医院之间医学影像数据、电子病历等不共享，出现了企业与医院之间合作不透明等问题，使得技术发展与数据供给之间存在矛盾。

8. 教育

通过图像识别，机器可以进行批改试卷、识题答题等操作；通过语音识别可以纠正、改进发音；人机交互可以进行在线答疑解惑等。AI 和教育的结合一定程度上可以改善教育行业师资分布不均衡、费用高昂等问题，从工具层面给师生提供更有效率的学习方式，但其目前还不能对教育内容产生较多实质性的影响。

9. 物流

物流行业通过利用智能搜索、推理规划、计算机视觉以及智能机器人等技术在运输、仓储、配送、装卸等流程上进行自动化改造，能够基本实现无人操作。比如利用大数据对商品进行智能配送规划，优化配置物流供给、需求匹配、物流资源等。目前物流行业大部分人力分布在"最后一公里"的配送环节，京东、苏宁、菜鸟争先研发无人车、无人机，力求抢占市场机会。

可见，人工智能赋能各行各业，万物智能化是一个不可逆转的趋势。

【任务实践】

任务　百度人工智能云应用体验

任务描述

登录百度 AI 能力体验中心，进行感兴趣的应用体验。

AI 能力体验中心——百度智能云网址：https：//cloud.baidu.com/experience。

任务实施

1）输入百度智能云网址，进入 AI 能力体验中心，如图 1-10 所示。

图 1-10　百度 AI 能力体验中心

2) 单击"动物识别",进入图 1-11 所示页面,单击"本地上传"按钮,上传需要识别的动物图标,观察识别结果。

图 1-11 动物识别效果图

3) 返回图 1-10 所示页面,可以继续体验其他的应用。

新手试练:地标识别

请大家体验一下百度人工智能云平台的"地标识别"功能。

1) 准备一张首都北京地标性建筑的数字图片。
2) 输入百度智能云网址,进入 AI 能力体验中心,如图 1-12 所示。

图 1-12 百度 AI 能力体验中心

3) 单击"地标识别",进入图 1-13 所示页面,通过"本地上传"按钮,上传准备好的首都北京地标建筑图像,观察识别结果。

图 1-13 地标识别效果图

【单元小结】

1）人工智能的基本概念，根据麦卡锡的说法，它是"制造智能机器的科学与工程，特别是智能计算机程序"。人工智能是一种使计算机、计算机控制的机器人或软件智能地思考的方式，其方式与智能人类的思维方式类似。人工智能是通过研究人类大脑如何思考以及人类在尝试解决问题时如何学习、决定和工作，然后将研究的结果用作开发智能软件和系统的基础来实现的。

2）人工智能自 1956 年以来 60 余年的发展历程，主要划分为人工智能的诞生、黄金时代、低谷、繁荣期等六个阶段。

3）人工智能的产业结构分为基础层、技术层、应用层三个层次。

4）人工智能的核心技术主要包括机器学习、知识图谱、自然语言处理、计算机视觉、人机交互等。

【单元测试】

一、习题

1. 首次提出"人工智能"是在（　　）年。
   A. 1946　　　　B. 1960　　　　C. 1916　　　　D. 1956

2. AI 的英文全称是（　　）。
   A. Automatic Intelligence　　　　B. Artificial Intelligence
   C. Automatic Information　　　　D. Artificial Information

3. 2016 年 3 月，人工智能程序（　　）在韩国首尔以 4:1 的比分战胜了人类围棋冠军李世石。
   A. AlphaGo　　　B. DeepBlue　　　C. DeepMind　　　D. AlphaGo Zero

4. 人工智能产业从结构上分为三个层次：（　　　　）、（　　　　）、（　　　　）。

5. 人工智能的核心技术主要有（　　　　）、（　　　　）、（　　　　）、（　　　　）、（　　　　）等。

二、实践

请观看影片 *Artificial Intelligence*：*AI* 或 *Her* 等，并写一篇不少于 500 字的观后感。

三、应用场景

请描述生活中接触到的 3 种以上的人工智能应用场景，写清楚内容，明确应用的人工智能关键技术是什么。

例如：在疫情防控中被广泛使用的人脸测温设备，主要应用了人脸识别技术和红外测温技术。

单元二
人工智能应用微体验

【学习目标】

1. 了解人工智能的发展方向。
2. 掌握人工智能（AI）开发的基本过程。
3. 利用人工智能平台进行简单应用开发。

【学习路线】

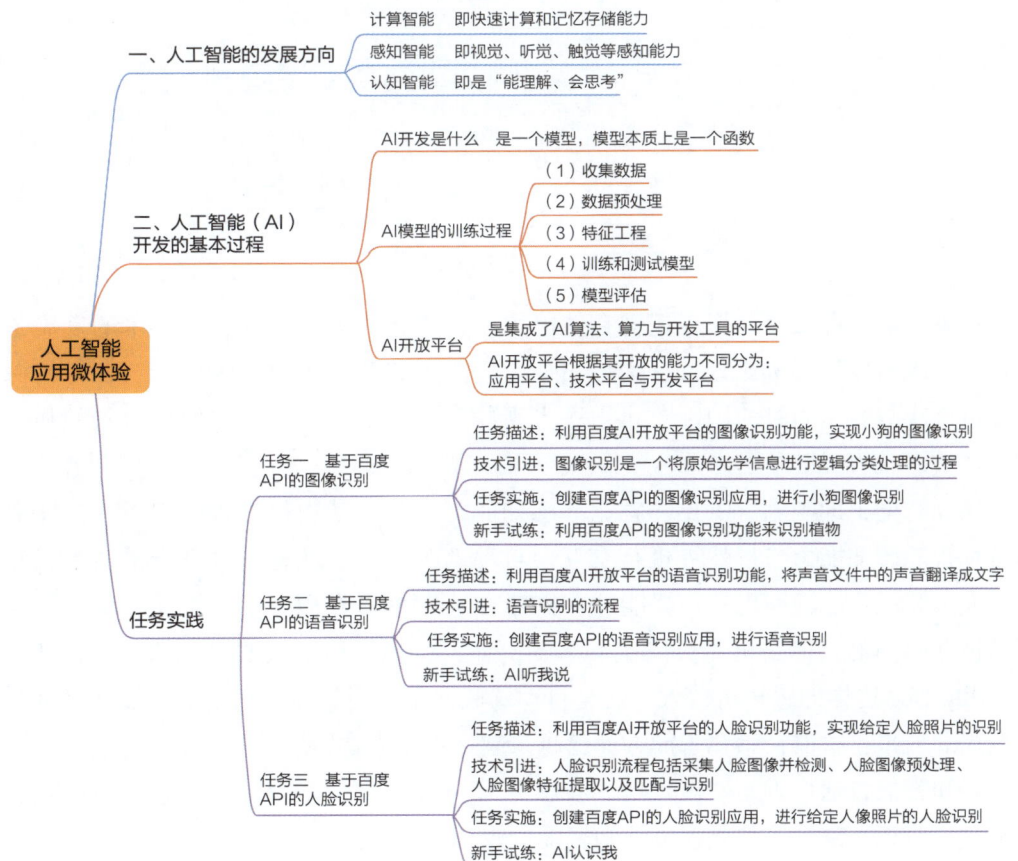

【专业英文词汇】

Natural Language Processing（NLP）：自然语言处理
Machine Vision（MV）：机器视觉
Machine Learning（ML）：机器学习
Convolutional Neural Network（CNN）：卷积神经网络
Recurrent Neural Network（RNN）：循环神经网络
Deep Neural Networks（DNN）：深度神经网络

【知识准备】

一、人工智能的发展方向

当前业界广泛认可的人工智能的主要发展方向分为计算智能、感知智能和认知智能三个层次，全球人工智能正处于感知智能向认知智能过渡的阶段，如图 2-1 所示。

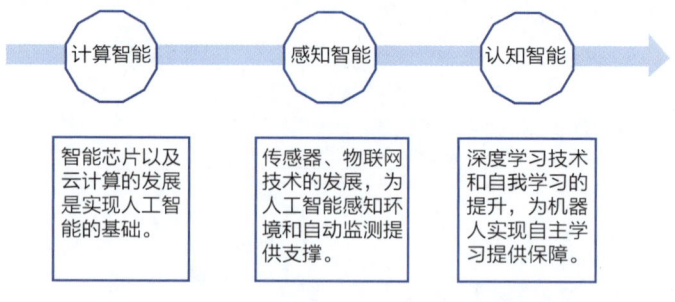

图 2-1　人工智能的发展方向

计算智能，即快速计算和记忆存储能力。人工智能所涉及的各项技术的发展是不均衡的。现阶段计算机比较具有优势的是运算能力和存储能力。1996 年，IBM 的深蓝计算机首次战胜了当时的国际象棋冠军卡斯帕罗夫，从此，人类在面对机器的强运算型比赛方面就再无胜绩了。

感知智能，即视觉、听觉、触觉等感知能力。人和动物都具备感知能力，能够通过各种智能感知能力与自然界进行交互。自动驾驶汽车，就是通过激光雷达等感知设备和人工智能算法，实现感知智能的。机器在感知世界方面，比人类还有优势。人类都是被动感知的，但是机器可以主动感知，如：激光雷达、微波雷达和红外雷达。不管是 Big Dog 这样的感知机器人，还是自动驾驶汽车，因为充分利用了深度神经网络和大数据的成果，机器在感知智能方面已越来越接近于人类。

认知智能，通俗讲是"能理解、会思考"。人类有语言，才有概念，才有推理，所以概念、意识、观念等都是人类认知智能的表现。

二、人工智能（AI）开发的基本过程

1. AI 开发是什么

一个硬件开发者的工作成果可以是一个布满集成电路的服务器，开机就可以运行某种软件。一个移动应用开发者的工作成果可以是一个手机 APP，包括了大量二进制数据，可直接运行。而一个 AI 开发者的工作成果则是一个模型，模型本质上是一个函数，无论这个函数有多么复杂，有多少个变量或者参数，AI 开发都要试图找出这个函数的表达式。

2. AI 模型的训练过程

AI 模型的本质是一个函数，想要找到这个函数准确的表达式，仅凭逻辑是无法推导出来的，而是要训练出来。给机器目前已有的数据，机器就会从这些数据里找出一个最能满足（专业术语称为拟合）这些数据的函数，当有新的数据需要预测时，机器就可以通过这个函数预测出这个新数据对应的结果是什么。

对于一个具有某种智能能力的机器而言，一般要具备以下要素：数据+算法+模型，开发的过程，就是不断地用数据和算法使得模型越来越逼近真实情况，注意是逼近而非推导，这个过程称为训练，如图 2-2 所示。

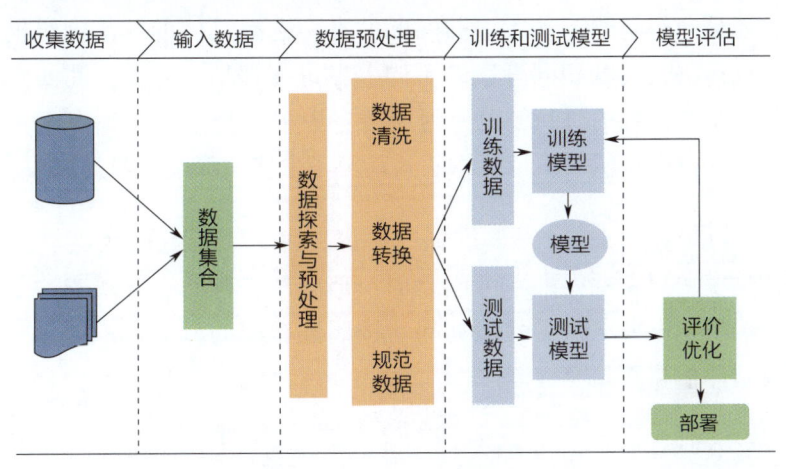

图 2-2　AI 模型的训练过程

（1）收集数据

业界有一句非常流行的话："数据和特征决定了机器学习的上界，而模型和算法只是去逼近这个上界"，由此可见，数据对于整个机器学习项目来说至关重要。当我们面临一个实际的问题时，如果既有想法，又有一些相关数据，这些数据有可能是有用的，也有可能是无用的，则这里的数据收集是指根据需求从已有数据中找出我们真正需要

的数据；而如果只有想法，没有数据，则这里的数据收集是指对数据的搜寻和整理等，如利用网络爬虫技术从互联网抓取数据，或因学习和研究的便利而使用公开数据集。

（2）数据预处理

无论是自己收集的数据还是公开数据集，通常都会存在各种各样的问题，例如，数据不完整、格式不一致、存在异常数据，以及正负样本数量不均衡等。因此，需要对数据进行一系列的处理，如清洗、转换、规范等，这个过程即为数据预处理。

（3）特征工程

简单来说，特征工程的任务是从原始数据中抽出最具代表性的特征，从而让模型能够更有效地学习这些数据。通常我们可以使用 scikit-learn 这个库来处理数据和提取特征，scikit-learn 是机器学习中使用非常广泛的第三方库，本身封装了很多常用的机器学习算法，同时还有很多数据处理和特征提取相关的方法。

（4）训练和测试模型

处理好数据之后，就可以选择合适的机器学习算法进行模型训练了。可供选择的机器学习算法有很多，每个算法都有自己的适用场景，那么如何选择合适的算法呢？首先，要对处理好的数据进行分析，判断数据是否有类标，若有类标，则应该考虑使用有监督学习的相关算法，否则可以作为无监督学习问题处理；其次，判断问题类型，属于分类问题还是回归问题；最后根据问题的类型选择具体的算法训练模型。实际工作上会使用多种算法，或者相同算法的不同参数进行评估。此外，还要考虑数据集的大小，若数据集小，训练的时间较短，则通常考虑采用朴素贝叶斯等轻量级算法，否则就要考虑采用支持向量机等重量级算法，甚至考虑使用深度学习的算法。

（5）模型评估

模型评估是模型开发过程中不可或缺的一部分，它有助于发现表达数据的最佳模型，并预测所选模型未来工作的性能如何。按照数据集的目标值不同，可以把模型评估分为分类模型评估和回归模型评估。

3. AI 开放平台

AI 开放平台是集成了 AI 算法、算力与开发工具的平台，通过接口调用的形式使企业、个人或开发者可以高效使用平台中的 AI 能力，完成 AI 产品开发或 AI 赋能。AI 开放平台根据其开放的能力不同可分为三层，分别是应用平台、技术平台与开发平台。三层平台分别为用户提供底层算力与开发工具、基础算法与功能、垂直领域 AI 解决方案。AI 开放平台经营模式是通过为企业或开发者提供 AI 技术接口或 AI 开发工具而获利，计费方式主要包括免费、按调用量计费、包年或包月三种。AI 平台可运用到农业、制造业、医疗、金融、零售、交通等多行业，为开发者提供应用落地闭环处理方案。

目前，国内很多企业都建立了自己的 AI 开放平台，比如百度、腾讯、华为、科大讯飞、阿里等。本书后续的开发主要使用百度 AI 开发平台。

【任务实践】

任务一　基于百度 API 的图像识别

任务描述

利用百度 AI 开放平台的图像识别功能，实现如图 2-3 所示小狗的图像识别。

图 2-3　小狗

技术引进

计算机的图像识别是一个将原始光学信息进行逻辑分类处理的过程。百度 AI 开放平台提供了图像技术、语音技术、人脸与人体识别技术、视频技术、自然语言处理、数据智能、知识图谱等多项智能平台的接口。百度 AI 开发平台能够支持不同的场景应用，比如智能教育、智能医疗、智能零售、智能政务、信息服务、智能工业、企业服务、智能农业、智能园区等。可以看出它涵盖了各行各业，应用非常广泛。图 2-4 中左图是图像识别的应用，图片的右上角显示了它的识别结果，识别出是一台笔记本电脑；中间的图片是语音识别的应用，通过语音识别功能，能够完成对应的语音操作功能；最右边的图片是人脸识别的应用，能够将人脸的部位标记出来。

图 2-4　百度 AI 应用示例

- 平台：百度 AI 开放平台
- 支持的接口语言：Java、PHP、Python、C++、C#、Node.js。本书后续的讲解主要使用 Python 语言。
- 支持的平台：PC、Android、IOS 以及多种嵌入式 Linux 平台。

任务实施

1）登录网站 https://ai.baidu.com/，单击"控制台"，如图 2-5 所示。新用户需要注册百度账号，可以用手机号申请；老用户直接登录即可，如图 2-6 所示。

图 2-5 百度 AI 开放平台主页面

图 2-6 百度账号注册和登录

人工智能应用平台的使用方法

2）登录成功进入如图 2-7 所示页面，接着单击 ≡ 图标，显示如图 2-8 所示菜单，选择需要申请的应用类型，本任务选择"图像识别"。

3）进入图 2-9 所示页面，单击"创建应用"按钮，创建图像识别的应用。

4）依次输入应用名称，选择接口，接口默认选择图像识别，添加应用描述，单击立即创建，如图 2-10 所示。

单元二 人工智能应用微体验

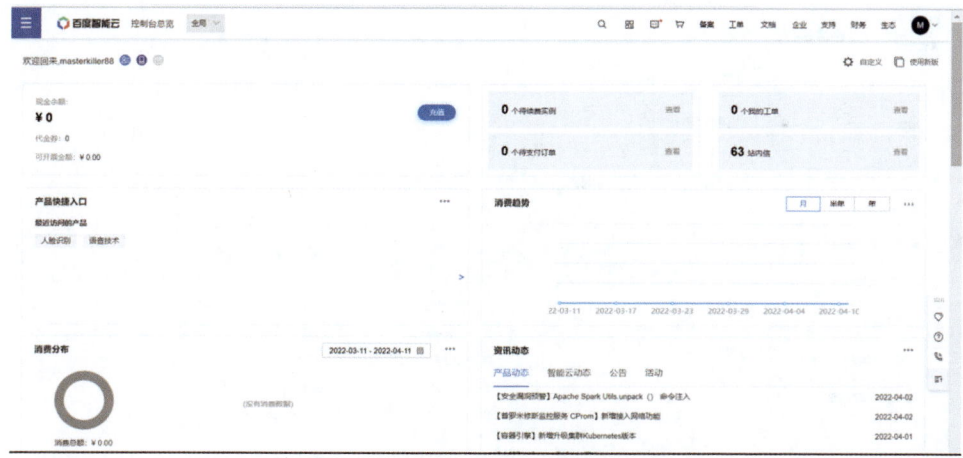

图2-7 百度AI平台登录成功页面效果

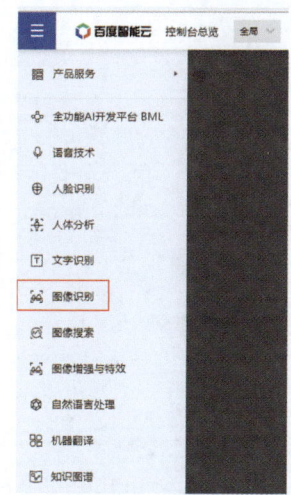

图2-8 百度AI开放平台应用类型

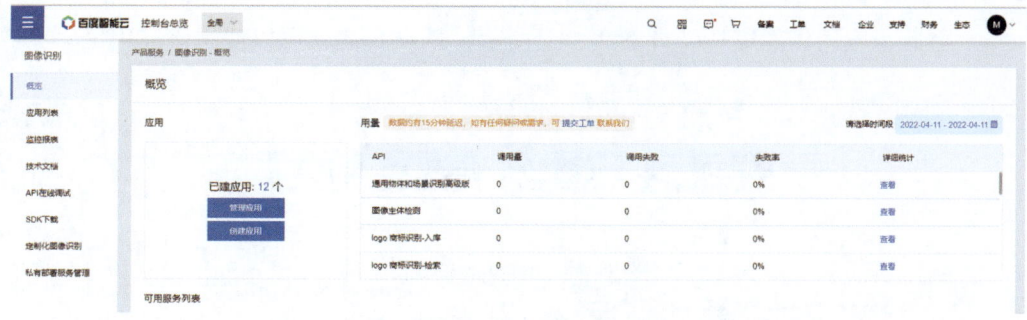

图2-9 图像识别应用页面效果

图2-10 创建图像识别应用页面

5)至此,应用创建完毕,如图2-11所示,现在我们就可以使用该应用了。

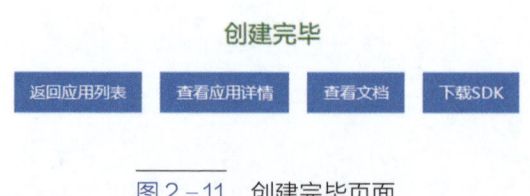

图2-11 创建完毕页面

6)单击"返回应用列表"按钮,此时要将列表中 AppID、API Key 和 Secret Key 三项内容记录下来以备后用,如图2-12所示。

单元二 人工智能应用微体验

图 2-12　应用列表

注：图中马赛克处为百度 AI 平台新建应用生成的相应值

7) Python 编程环境安装，具体如图 2-13 所示。

下载地址：https：//www.python.org/downloads/。

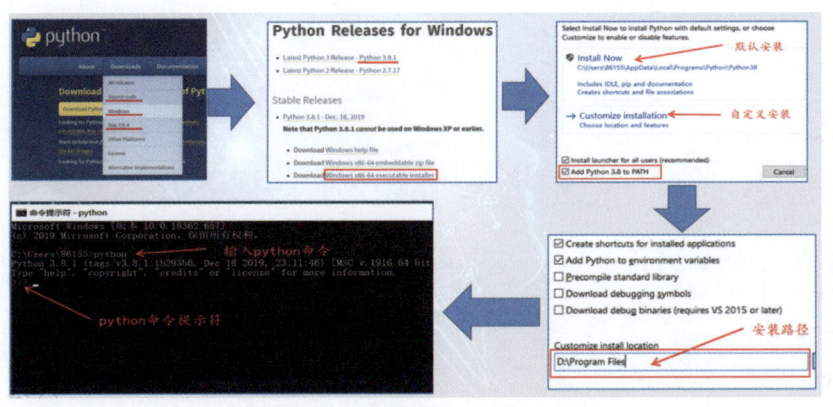

图 2-13　Python 环境安装过程示意图

安装 Python 运行环境

8) 使用 pip 安装 baidu-aip 的包。

打开搜索窗口，搜索"cmd"，点击"以管理员身份运行"，即可打开管理员命令提示符。

找到 Python 所在的安装目录，进入 Python 的安装目录下的子目录 Scripts，执行安装命令，如图 2-14 所示。

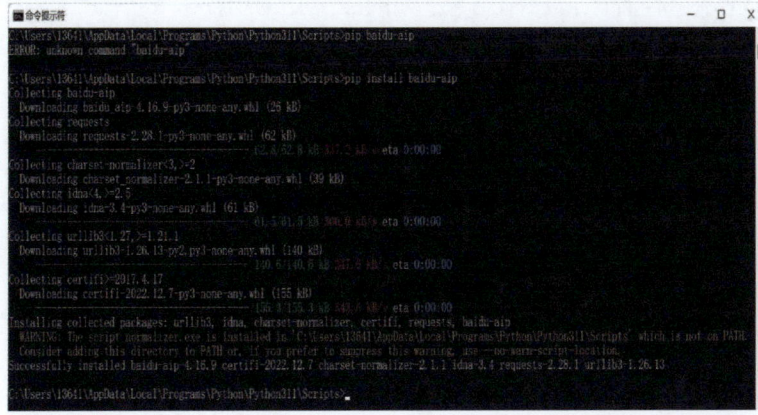

图 2-14　安装 baidu-aip 包

pip install baidu-aip

注意：如果提示 pip 命令版本过低，可以按照提示命令，进行版本升级。

9）新建 main.py 文件，第一行代码中导入的 AipImageClassify 是图像识别的 Python SDK 客户端，它为使用图像识别的开发人员提供了一系列的交互方法；第三、四、五行代码为 APP_ID、API_KEY、SECRET_KEY 赋值，该值为前述"图像识别体验"应用创建完毕后记录下来的三项内容；调用通用物体识别函数 advancedGeneral 进行图像识别。

注意：要识别的图像和 main.py 文件存储在同一目录下。

代码如下：

```python
from aip import AipImageClassify
""" 你的 APPID AK SK """
APP_ID = '******'
API_KEY = '******'
SECRET_KEY = '******'
client = AipImageClassify(APP_ID, API_KEY, SECRET_KEY)
""" 读取图片 """
def get_file_content(filePath):
    with open(filePath,'rb') as fp:
        return fp.read()
image = get_file_content('dog.jpg')
""" 如果有可选参数 """
options = {}
options["baike_num"] = 2
""" 调用通用物体识别 """
res = client.advancedGeneral(image,options);
print(res)
```

注：****** 为百度 AI 平台新建应用生成的相应值。

10）运行程序，查看图像识别结果，如图 2-15 所示。

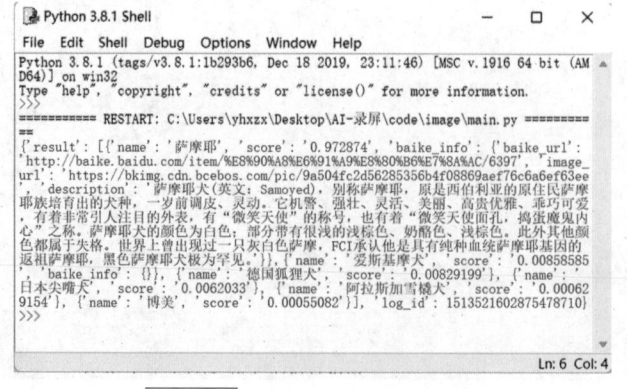

图 2-15　图像识别的运行结果

新手试练：利用百度 API 的图像识别功能来识别植物

下面介绍利用百度 API 的图像识别功能来识别图 2-16 中的植物。

图 2-16　牡丹

基于百度 API 的图像识别

利用图像识别可以进行动物、植物、汽车、花卉等各种识别，具体方法为将通用识别中的方法 advancedGeneral 替换成如下的方法：

- 菜品识别：client. dishDetect（image）。
- 车辆识别：client. carDetect（image）。
- Logo 商品识别：client. logoSearch（image）。
- 动物识别：client. animalDetect（image）。
- 植物识别：client. plantDetect（image）。
- 图像主体检测：client. objectDetect（image）。
- 地标识别：client. landmark（image）。
- 花卉识别：client. flower（image）。
- 食材识别：client. ingredient（image）。
- 红酒识别：client. redwine（image）。
- 货币识别：client. currency（image）。

相关步骤如下：

1) 按照任务一的步骤进行操作。

2) 修改程序中图像识别方法，同时把要识别的植物图片存储在 main. py 所在文件夹下。

```
res = client.advancedGeneral(image,options);
```

修改为：

```
res = client.plantDetect(image,options);
```

3）运行程序，观看图像识别结果，如图 2-17 所示。

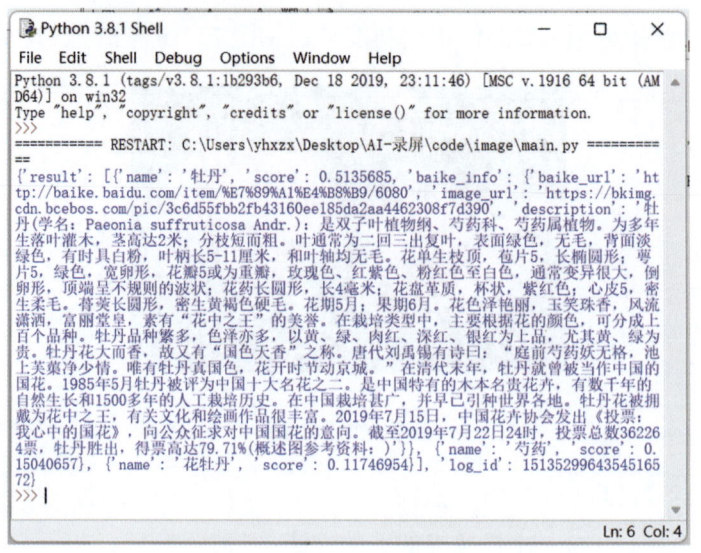

图 2-17　植物识别结果

任务二　基于百度 API 的语音识别

任务描述

利用百度 AI 开放平台的语音识别功能，将声音文件中的声音翻译成文字。

技术引进

语音识别的流程：将语音输入接口层，并进行语音前处理，包括声音行为的检测和噪声处理，从而得到高质量语音信号。接下来通过特征提取提出声音的关键信息，特征信息随后被送到语音识别模块，它主要包括声学模型和语言模型。其中声学模型对声音信号进行处理，它通过大量的语音训练集，构建不同的机器学习模型，包括卷积神经网络、循环神经网络、深度神经网络等；语言模型用来评估所识别的文本质量，从而选出匹配度最高的文本，它通过大量文本训练集，对数据进行清洗和正规化，去掉噪声等，保证语音数据的有效性，并将得到的有效数据进行训练，最终得到优化后的模型结果。通过语音识别的声学模型和语言模型，得到语音的识别结果，并通过语言前处理反馈出去，如图 2-18 所示。

任务实施

1）登录百度账号，选择语音技术，如图 2-19 所示。

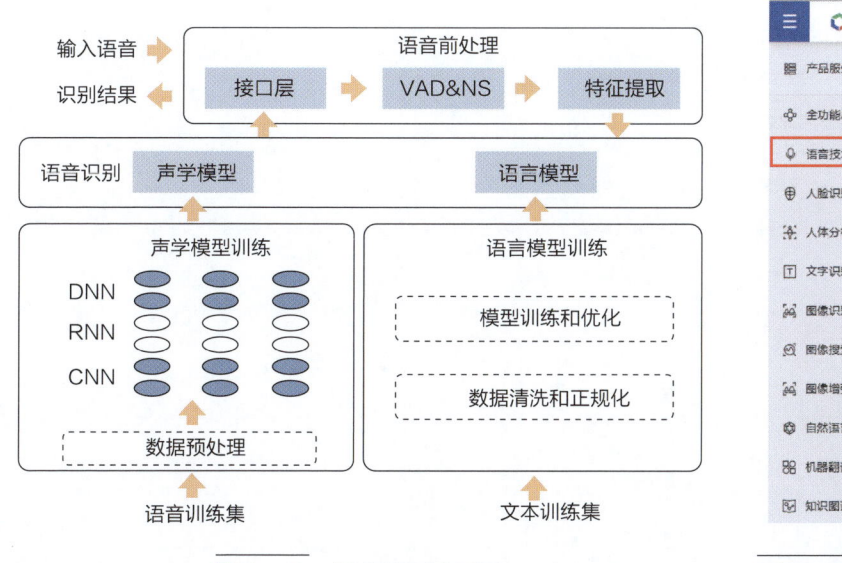
图2-18 语音识别流程图

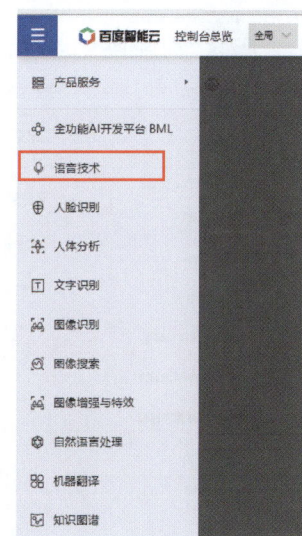
图2-19 选择"语音技术"

2)进入图2-20所示页面,单击"创建应用"按钮,创建语音识别的应用。

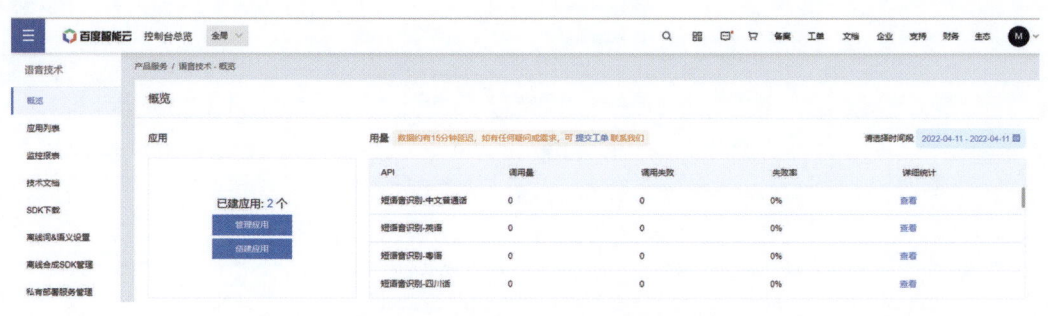
图2-20 语音识别应用页面

3)依次输入应用名称,接口选择,接口默认选择语音识别,添加应用描述,单击立即创建,如图2-21所示。

4)至此,应用创建完毕,现在就可以使用该应用了。

5)回到创建完毕界面,单击返回应用列表,如图2-22所示,将列表中AppID、API Key 和 Secret Key 三项内容记录下来以备后用。

6)新建 sp.py 文件,第一行代码中导入的 AipSpeech 是语音识别的 Python SDK 客户端,为使用语音识别的开发人员提供了一系列的交互方法;为 APP_ID、API_KEY、SECRET_KEY 赋值,该值为前述"语音识别体验"应用创建完毕后记录下来的三项内容;调用 AipSpeech 中的 asr 方法进行语音识别。

图 2-21 创建语音识别应用页面

图 2-22 应用列表页面

注意：要识别的声音文件和 main.py 文件存储在同一目录下。

代码如下:

```python
from aip import AipSpeech
""" 你的 APPID AK SK """
APP_ID = '******'
API_KEY = '******'
SECRET_KEY = '******'
client = AipSpeech(APP_ID, API_KEY, SECRET_KEY)
# 读取文件
def get_file_content(filePath):
    with open(filePath,'rb') as fp:
        return fp.read()
# 识别本地文件
print(client.asr(get_file_content('speech.wav'),'wav', 16000, {
    'dev_pid': 1537,}))
```

注：****** 为百度 AI 平台新建应用生成的相应值。

7）运行程序，查看语音识别结果如图 2－23 所示。

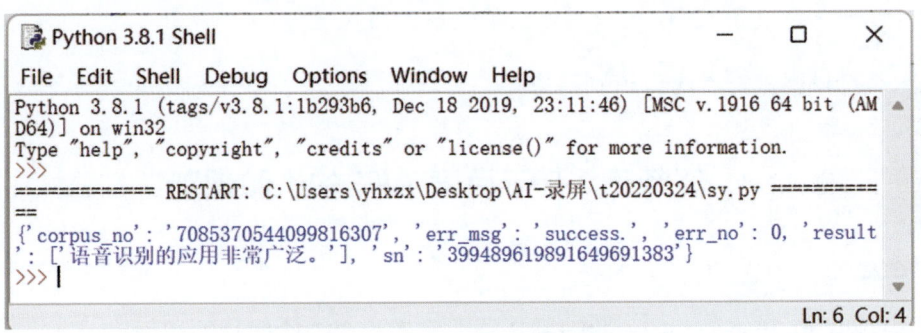

图 2－23　语音识别结果

程序运行结果显示，已经正确地识别出声音文件 speech.wav 的内容为"语音识别的应用非常广泛"。

新手试练：AI 听我说

请大家体验一下百度人工智能云平台的"语音识别"功能。

1）录制一个自己的声音文件，内容为"建党百年成绩辉煌，百年大党风华正茂"，文件存储为 .wav 格式。

2）登录百度账号，按照任务二中任务实施的 1）~5）的步骤，完成声音识别应用的创建。

3）新建 soundtest.py 文件，在第一行代码中导入 AipSpeech 包。

注意：要识别的声音文件和 soundtest.py 存储在同一目录下。

代码如下:

```python
from aip import AipSpeech
""" 你的 APPID AK SK """
#替换成你新创建的声音识别应用的APP_ID
APP_ID = '******'
#替换成你新创建的声音识别应用的API_KEY
API_KEY = '******'
#替换成你新创建的声音识别应用的SECRET_KEY
SECRET_KEY = '******'
client = AipSpeech(APP_ID, API_KEY, SECRET_KEY)
# 读取文件
def get_file_content(filePath):
    with open(filePath,'rb') as fp:
        return fp.read()
# 识别本地文件,声音文件替换成你录制的新文件
print(client.asr(get_file_content('speech.wav'),'wav', 16000, {
    'dev_pid':1537,}))
```

注:****** 为百度 AI 平台新建应用生成的相应值。

4) 运行程序,查看语音识别结果。

任务三 基于百度 API 的人脸识别

任务描述

利用百度 AI 开放平台的人脸识别功能,实现给定人脸照片的识别。

技术引进

人脸识别,是计算机视觉的一个分支,是基于人的脸部特征信息进行身份识别的一种生物识别技术。它是用摄像机或摄像头采集含有人脸的图像或视频流,并自动在图像中检测和跟踪人脸,进而对检测到的人脸进行脸部识别的一系列相关技术,通常也叫做人像识别、面部识别。

人脸识别系统的研究始于 20 世纪 60 年代,20 世纪 80 年代后随着计算机技术和光学成像技术的发展而得到提高。人脸识别真正进入初级的应用阶段是在 20 世纪 90 年代后期,并且以美国、德国和日本的技术实现为主。人脸识别系统是否成功的关键在于是否拥有尖端的核心算法,并使识别结果具有实用化的识别率和识别速度。"人脸识别系统"集成了人工智能、机器识别、机器学习、模型理论、专家系统、视频图像处理等多种专业技术,同时需结合中间值处理的理论与实现,是生物特征识别的最新应用。

其核心技术的实现,展现了从弱人工智能向强人工智能的转化。

人脸识别的技术流程主要包括人脸采集、人脸检测、特征提取、特征比对以及匹配与识别等几部分,如图 2-24 所示。

任务实施

1)登录百度账号,选择人脸识别,如图 2-25 所示。

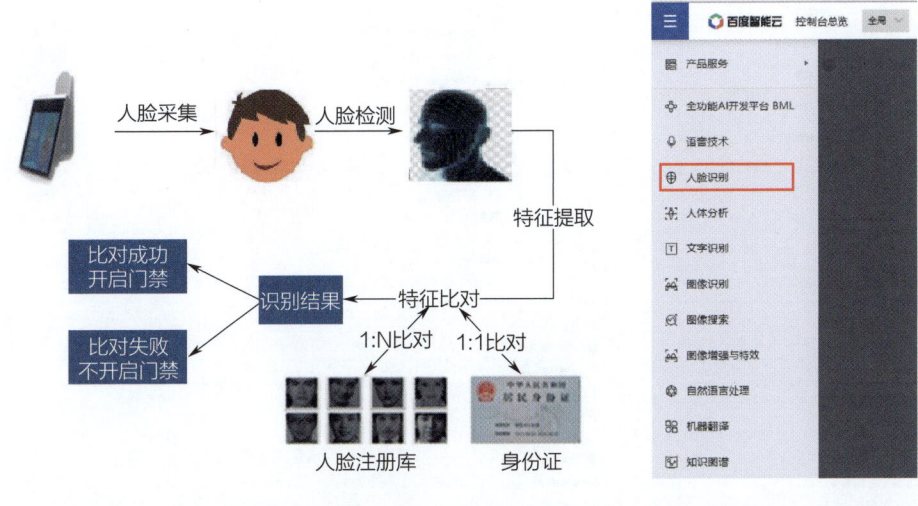

图 2-24　人脸识别的技术流程示意图　　　图 2-25　选择"人脸识别"

2)进入图 2-26 所示页面,单击"创建应用"按钮,创建人脸识别的应用。

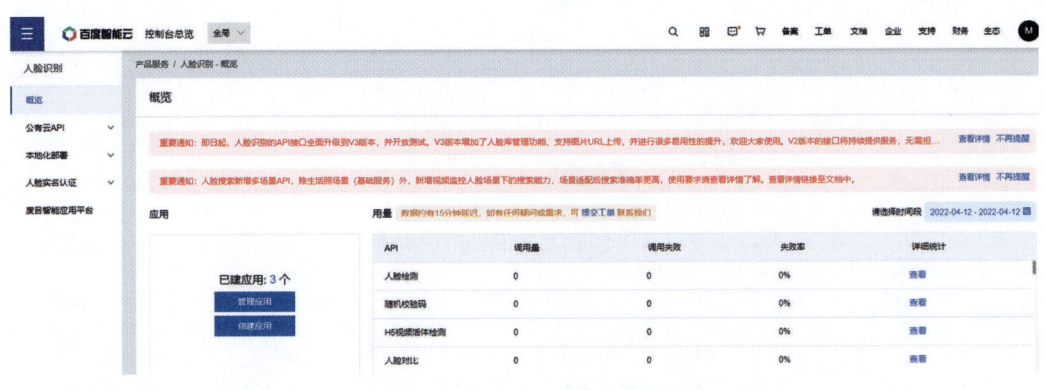

图 2-26　人脸识别应用页面效果

3)依次输入应用名称,选择接口,接口默认选择人脸识别,添加应用描述,单击"立即创建"按钮,如图 2-27 所示。

4)至此,应用创建完毕,现在就可以使用该应用了。

5)回到创建完毕界面,单击返回应用列表,如图 2-28 所示,将列表中 AppID、API Key 和 Secret Key 三项内容记录下来以备后用。

图2-27 创建图像识别应用页面效果

图2-28 应用列表页面

6）新建 faceDetect.py 文件，第一行代码中导入的 AipFace 是人脸识别的 Python SDK 客户端，为使用人脸识别的开发人员提供了一系列的交互方法；为 APP_ID、

API_KEY、SECRET_KEY 赋值，该值为前述"人脸识别体验"应用创建完毕后记录下来的三项内容；调用 AipFace 中的 detect 方法进行人脸识别。

```
client.detect(image, imageType, options)
```

其中第一个参数是图片信息（总数据大小应小于 10M），第二个参数是图片类型，是 base64 编码后的图片数据，编码后的图片大小不超过 2M；第三个参数是可选参数，可以根据人脸识别 SDK 文档中的参数进行配置，包括识别人脸年龄、最大识别数量以及人脸的类型等。

注意：要识别的人脸文件和 faceDetect.py 存储在统一目录下。

人脸识别

代码如下：

```python
from aip import AipFace
import base64
""" 你的 APPID AK SK """
APP_ID = '******'
API_KEY = '******'
SECRET_KEY = '******'
client = AipFace(APP_ID, API_KEY, SECRET_KEY)
"""读取图片函数 base64"""
def img_base64(img_path):
    with open(img_path, "rb") as f:
        base64_str = str(base64.b64encode(f.read()))[2:-1]
    return base64_str
image = img_base64("C:\\Users\\yhxzx\\Desktop\\code\\face\\zns.jpg")
imageType = "BASE64"
""" 如果有可选参数 """
options = {}
options["face_field"] = "age"
options["max_face_num"] = 2
options["face_type"] = "LIVE"
""" 带参数调用人脸检测 """
result_detection = client.detect(image, imageType, options)
print(result_detection)
```

注：****** 为百度 AI 平台新建应用生成的相应值。

7) 运行程序，观看人脸识别结果，如图 2-29 所示。

8) 在照片上将人脸标记出来，我们可以获取脸部位置和大小，然后绘制图片并显示，程序运行效果如图 2-30 所示。

图2-29 人脸识别结果　　　　图2-30 用矩形标记出识别的人脸

此处需要使用CV2模块。CV2指的是OpenCV2，OpenCV是一个基于BSD许可（开源）发行的跨平台计算机视觉库，它提供了Python、Ruby、MATLAB等语言的接口，实现了图像处理和计算机视觉方面的很多通用算法。

安装CV2模块：

打开搜索窗口，搜索"cmd"，单击"以管理员身份运行"，即可打开管理员命令提示符。

找到Python所在的安装目录，进入Python安装目录下的子目录Scripts，执行安装命令。

pip install opencv-python

注意：如果提示pip命令版本过低，可以按照提示命令，进行版本升级。

代码如下：

```python
import cv2
from aip import AipFace
import base64
import cv2
""" 你的 APPID AK SK """
APP_ID = '******'
API_KEY = '******'
SECRET_KEY = '******'
client = AipFace(APP_ID, API_KEY, SECRET_KEY)
"""读取图片函数base64"""
def img_base64(img_path):
    with open(img_path, "rb") as f:
        base64_str = str(base64.b64encode(f.read()))[2:-1]
    return base64_str
image = img_base64(" C:\\Users\\yhxzx\\Desktop\\code\\face\\zns.jpg ")
imageType = "BASE64"
```

```
""" 如果有可选参数 """
options = {}
options["face_field"] = "age"
options["max_face_num"] = 2
options["face_type"] = "LIVE"
""" 带参数调用人脸检测 """
result_detection = client.detect(image, imageType, options)
print(result_detection)
x = result_detection['result']['face_list'][0]['location']['left']
y = result_detection['result']['face_list'][0]['location']['top']
w = result_detection['result']['face_list'][0]['location']['width']
h = result_detection['result']['face_list'][0]['location']['height']
img = cv2.imread("C:\\Users\\yhxzx\\Desktop\\code\\face\\zns.jpg")
cv2.rectangle(img,(int(x),int(y)),(int(x + w),int(y + h)),(0,255,0),2)
cv2.namedWindow("face Recogniton",0)
cv2.imshow("face Recogniton",img)
cv2.waitKey(0)
cv2.destroyAllWindows()
```

注：******为百度 AI 平台新建应用生成的相应值。

新手试练：AI 认识我

请大家体验一下百度人工智能云平台的"人脸识别"功能。

1）准备一张自己的近期人脸照片，文件存储为 .jpg 格式。

2）登录百度账号，按照任务三中任务实施的 1）~5）的步骤，完成人脸识别应用的创建。

基于百度 API 的
人脸考勤

3）新建 facetest.py 文件，在第一行代码中导入 AipFace 包。

注意：要识别的人脸照片文件和 facetest.py 存储在同一目录下。

代码如下：

```
from aip import AipFace
import base64
""" 你的 APPID AK SK """
#替换成你新创建的人脸识别应用的 APP_ID
APP_ID = '******'
#替换成你新创建的人脸识别应用的 API_KEY
API_KEY = '******'
#替换成你新创建的人脸识别应用的 SECRET_KEY
SECRET_KEY = '******'
client = AipFace(APP_ID, API_KEY, SECRET_KEY)
"""读取图片函数 base64"""
```

```
def img_base64(img_path):
    with open(img_path, "rb") as f:
        base64_str = str(base64.b64encode(f.read()))[2:-1]
    return base64_str
    #人脸文件替换成你准备的人脸文件,注意更改存储路径
image = img_base64("C:\\Users\\yhxzx\\Desktop\\code\\face\\zns.jpg")
imageType = "BASE64"
""" 如果有可选参数 """
options = {}
options["face_field"] = "age"
options["max_face_num"] = 2
options["face_type"] = "LIVE"
""" 带参数调用人脸检测 """
result_detection = client.detect(image, imageType, options)
print(result_detection)
```

注：******为百度 AI 平台新建应用生成的相应值。

4）运行程序，查看人脸识别结果。

【单元小结】

1）人工智能的主要发展方向分为计算智能、感知智能和认知智能三个层次，目前全球人工智能正处于感知智能向认知智能过渡的阶段。

2）人工智能开发的结果是一个模型。模型的训练过程包括收集数据、数据预处理、特征工程、训练和测试模型以及模型评估五个步骤。

3）AI 开放平台是集成了 AI 算法、算力与开发工具的平台，通过接口调用的形式使企业、个人或开发者可以高效使用平台中的 AI 能力完成 AI 产品开发。国内很多互联网公司都提供了人工智能应用开放平台。

【单元测试】

一、习题

1. 计算机的图像识别是一个将（　　）进行逻辑分类处理的过程。
   A. 基本物体　　　B. 彩色　　　C. 亮度　　　D. 原始光学信息
2. CNN 的中文名称是（　　）。
   A. 卷积神经网络　　　　　　　B. 循环神经网络
   C. 深度神经网络　　　　　　　D. 人工神经网络
3. DNN 的中文名称是（　　）。
   A. 卷积神经网络　　　　　　　B. 循环神经网络

C. 深度神经网络　　　　　　D. 人工神经网络

4. RNN 的中文名称是（　　）。
   A. 卷积神经网络　　　　　　B. 循环神经网络
   C. 深度神经网络　　　　　　D. 人工神经网络

5. 安装百度 Python SDK，执行 pip install （　　）。
   A. baidu-api　　　　　　　　B. baidu-aip
   C. baidu_api　　　　　　　　D. baidu_aip

二、实践

请利用人脸识别功能，完成一个基于人脸的班级考勤系统，班级人数 10 人以内即可。

提示：在人脸识别的基础上，做如下修改。

第一步：创建人脸库，可以选择待检测人物的多张图片存入人脸库。

1）如图 2-31，单击左侧的"可视化人脸库"，进入所示页面。

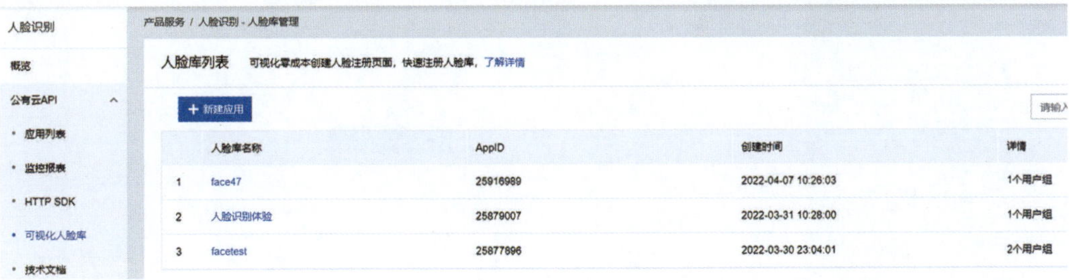

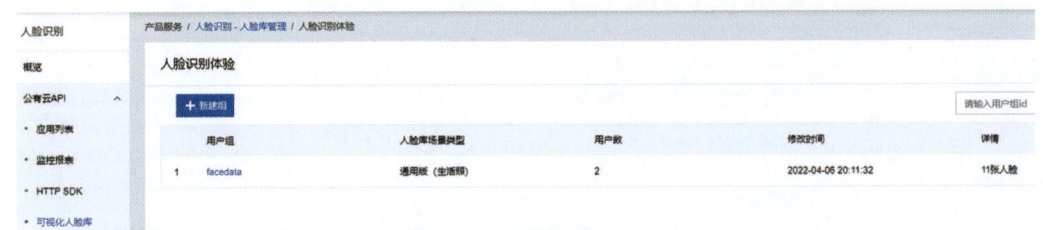

图 2-31　人脸库管理页面

2）在图 2-32 的人脸库列表中选择一个应用，如"人脸识别体验"，进入图 2-32 所示页面。

图 2-32　添加人脸库页面

3）单击"新建组"按钮，进入图 2-33 页面，选择用户组场景类型，填写组 ID，单击"确认"按钮。

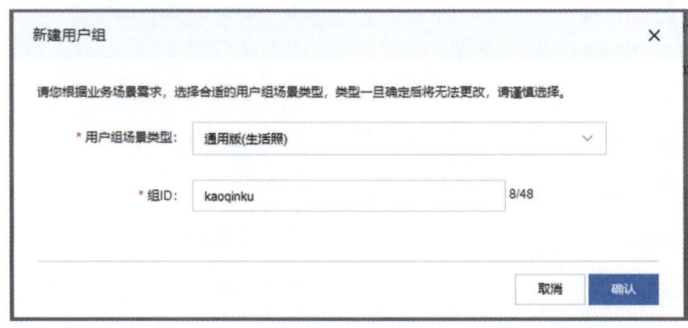

图2-33 新建用户组页面

4）单击用户组"kaoqinku"，进入新建用户界面添加新用户，如图2-34所示。

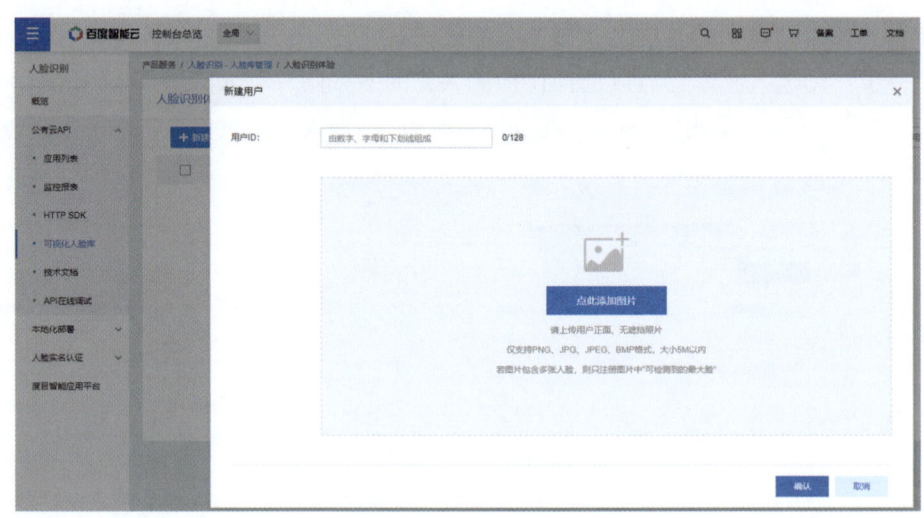

图2-34 新建用户界面

5）单击"点此添加图片"按钮，添加一张图片，再单击该用户，添加其余所有图片，如图2-35所示。

图2-35 上传用户所有照片

6）重复步骤4）、5），添加其他的用户及其图片，完成考勤库人脸的添加。

第二步：调用 AipFace 中的 multiSearch 方法进行人脸搜索，设置参数。

client.multiSearch（image，imageType，groupIdList，options）

其中图片参数 image、图片类型 imageType 这两个参数与人脸识别中的含义是一样的，第三个参数 groupIDList 是从指定 group 中进行查找，这里指新建的人脸库用户组；第四个参数是可选参数，包括最多处理人脸的数目、匹配阈值、图片质量控制、查找后返回的用户数量等。

参考代码如下：

```
from aip import AipFace
import base64
import cv2
""" 你的 APPID AK SK """
APP_ID = '******'
API_KEY = '******'
SECRET_KEY = '******'
client = AipFace(APP_ID, API_KEY, SECRET_KEY)
"""读取图片函数 base64"""
def img_base64(img_path):
    with open(img_path, "rb") as f:
        base64_str = str(base64.b64encode(f.read()))[2:-1]
    return base64_str
image = img_base64("C:\\users\\yhxzx\\Desktop\\code\\face\\hz.jpg")
imageType = "BASE64"
groupIdList = "facedata"
""" 如果有可选参数 """
options = {}
options["max_face_num"] = 3
options["match_threshold"] = 70
options["quality_control"] = "NORMAL"
options["max_user_num"] = 3
""" 带参数调用人脸搜索 M:N 识别 """
result = client.multiSearch(image, imageType, groupIdList, options)
print(result)

"""获取想要的内容,绘制信息!"""
if result['error_msg'] == 'SUCCESS':
    img = cv2.imread("C:\\Users\\yhxzx\\Desktop\\code\\face\\hz.jpg")
    for i in range(result['result']['face_num']):
        x = result['result']['face_list'][i]['location']['left']
```

```
            y = result['result']['face_list'][i]['location']['top']
            w = result['result']['face_list'][i]['location']['width']
            h = result['result']['face_list'][i]['location']['height']
            cv2.rectangle(img, (int(x), int(y)), (int(x+w), int(y+h)), (0,255,0),2)
            if (len(result['result']['face_list'][i]['user_list']) == 0):
                strName = ''
            else:
                strName = result['result']['face_list'][i]['user_list'][0]['user_id']
            print(strName)
            cv2.putText(img, strName, (int(x), int(y+h+20)), cv2.FONT_HERSHEY_SIMPLEX, 0.7, (255,0,0),2)
"""显示绘制好信息的图片"""
cv2.namedWindow("face Recogniton", 0)
cv2.imshow("face Recogniton", img)
"""任意按键退出"""
cv2.waitKey(0)
cv2.destroyAllWindows()
```

注：******为百度 AI 平台新建应用生成的相应值。

代码运行效果如图 2-36 所示，识别出图片中的 3 个人脸。

图 2-36　人脸识别的示意图

三、应用场景

请用 500 字描述图像识别、声音识别、人脸识别的主要应用场景有哪些。

单元三
图像识别——让机器别具慧眼

人工智能应用基础

【学习目标】

1. 了解机器学习的基本概念和主要任务。
2. 掌握经典的机器学习算法。
3. 能够使用 K 近邻算法和决策树算法进行目标变量值预测。

【学习路线】

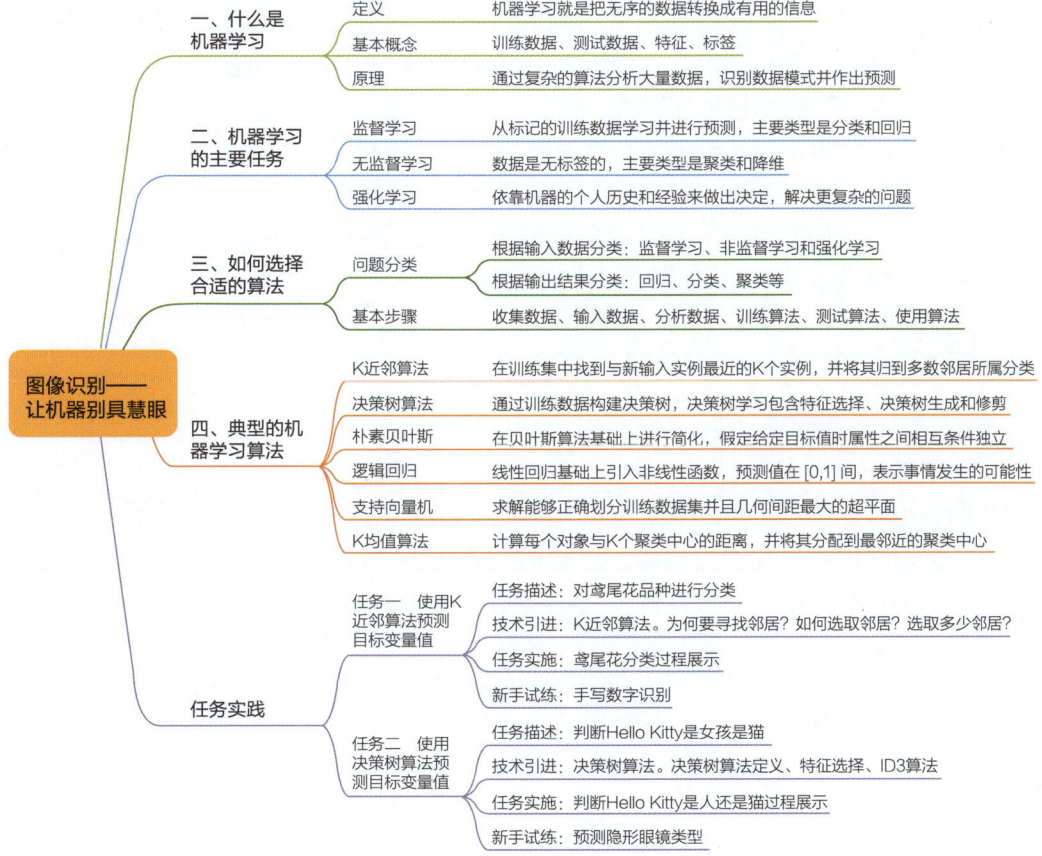

【专业英文词汇】

Machine Learning（ML）：机器学习
K-Nearest Neighbor Algorithm（KNN）：K-近邻算法
Decision Tree（DT）：决策树
Naive Bayesian（NB）：朴素贝叶斯
Logistic Regression（LR）：逻辑回归
Support Vector Machine（SVM）：支持向量机
K-Means Algorithm（K-Means）：K均值算法

【知识准备】

一、什么是机器学习

一般情况下，人们很难从原始数据本身直接获得所需要的信息。例如，如何判断一封邮件是否为垃圾邮件？单独检测某个特定的单词是否存在并没有太大意义，而当某几个特定单词同时出现，再辅助考察标题关键词、字体以及其他因素等，我们就可以更准确地判断该邮件是否为垃圾邮件。简言之，机器学习就是把无序的数据转换成有用的信息。机器学习能让我们从数据集当中受到启发，换句话说，我们可利用计算机来彰显数据背后的真实含义，这才是机器学习的真谛。它既不是只会徒然模仿的机器人，也不是具有人类感情的仿生人。

假设我们去买橙子，卖橙子的大娘说橙子"鲜甜爽口，余味无穷"。我们不敢贸然相信，但是又想吃最甜的橙子时，应该怎么挑呢？记得妈妈说过，果脐小的橙子比果脐大的甜，所以我们有了一个简单的判断标准：只挑果脐小的橙子。如果用普通计算机算法来帮你挑选橙子，你会写下这样的规则：

```
if(果脐小)：
    橙子是甜的
else：
    橙子不甜
```

我们会用这个规则来挑选橙子。但是如果在我们的橙子实验中有了新的发现，比如在我们买回的橙子中有些是酸的，那我们就不得不手动修改这份规则列表。经过品尝各种不同类型的橙子，我们发现那些高身的、果脐小的橙子才是甜的。所以我们修改了规则：

```
if(果脐小 and 高身)
    橙子是甜的
else：
    橙子不甜
```

经过再次验证，我们发现这个普通的计算机算法有个缺点：我们必须得搞清楚影响橙子甜度的所有因素并了解其错综复杂的细节，才能挑选到甜橙。如果问题越来越复杂，我们就要针对所有的橙子类型，手动地制定挑选规则，这就变得非常困难。那如何克服这个缺点呢？机器学习算法可以帮助我们解决这个问题。

下面将讲述如何使用已知信息进行分类。我们从市场上的橙子里随机抽取一定的样品（在机器学习里叫作训练数据），制作成下面的一张表格，如表3-1所示，上面记录了每个橙子的物理属性，比如颜色、果脐尺寸、形状、个头等（这些橙子的属性称之为特征），然后再记录下这个橙子口感甜不甜（这称为标签）。

表3-1 橙子样品特征和标签

橙子编号	颜色	果脐尺寸	形状	个头	口感
1	黄色	小	高身	偏小	甜
2	青色	大	高身	偏大	不甜
3	黄色	小	扁身	偏大	不甜
..	..	..	..	..	..

我们将这个训练数据提供给一个机器学习算法，然后它就会学习出一个关于橙子的特征和它是否甜之间的关系的模型。下次我们再去市场买橙子，面对新的橙子（测试数据），将其特征输入这个训练好的模型，就会直接得出这个橙子是甜的还是不甜的。有了这个模型，我们就可以满怀信心地去买橙子了，根本不用考虑那些挑选橙子的细节，只需要将橙子的物理属性输入这个模型就可以知道橙子甜不甜。更重要的是，我们可以让这个模型随着时间的推移越变越好（增强学习）。当这个模型读取到更多的训练数据时，它会变得更加准确，并且在做了错误的预测之后进行自我修正。另外，我们可以用同样的机器学习算法去训练不同的模型，例如用来预测苹果、西瓜的甜度等，这是常规计算机程序做不到的。

为了测试机器学习算法的效果，通常使用两套独立的样本集：训练样本集和测试样本集。当机器学习程序开始运行时，使用训练样本集作为算法的输入，训练完成后输入测试样本，由程序决定样本属于哪个类别。比较测试样本预测的目标变量值与实际样本类别之间的差别，就可以得出算法的实际精确度。机器学习重点强调"学习"而不是程序本身，它不需要特定的代码，而是通过复杂的算法来分析大量的数据，识别数据中的模式，并做出一个预测。在样本的数量不断增加的同时，算法自我纠正并完善"学习目的"，可以从自身的错误中学习，提高识别能力。

二、机器学习的主要任务

机器学习的核心是"使用算法解析数据，从中学习，然后对结果未知的某件事情做出决定或预测"。这意味着,与其编写程序来执行某些任务,不如教计算机如何开发一个算法来完成任务。当前,主要有三种类型的机器学习:监督学习、无监督学习和强化学习,这三种类型都有其特定的优点和缺点。

1. 监督学习

这类算法必须知道预测什么,即目标变量的分类信息。监督学习的两种主要类型是分类和回归。分类是指使用数据来预测类别,而当要预测的结果是数值时(比如预测股价),监督学习又被称为回归。在分类中,机器被训练成将一组数据划分为特定的类,例如,将图片分类为"猫"或"狗"。在回归中,机器使用先前的(标记的)数据来预测未来,例如,使用机器学习来进行天气预报。你的手机天气应用程序不仅可以查看当前天气,还可以利用气象事件的历史数据(平均气温、湿度和降水量),对未来一定时间内的天气进行预测。

监督学习的特点是在训练模型时明确标记每个数据点的正确结果,以便找到它们之间的关系,确保在引入未分配的数据点时,可以正确的做出预测或分类。

2. 无监督学习

在无监督学习中,数据是无标签的,可分为聚类和降维两大类。聚类是将一组对象以某种方式分组,使得同一组中的数据比不同组的数据有更多的相似性,这与分类不同,因为这些组不是预先提供的。例如,将一组人划分成不同的子组,然后应用到有针对性的营销方案中。降维是通过找到共同点来减少数据集的变量,大多数大数据可视化使用降维来识别趋势和规则。

无监督学习的特点是算法在训练模型时不对结果进行标记,而直接在数据点之间找有意义的关系,它的价值在于发现模式以及相关性。

3. 强化学习

它依靠机器的个人历史和经验来做出决定,通常用于解决更复杂的问题。强化学习的经典应用是玩游戏。与监督和无监督学习不同,强化学习不涉及提供"正确的"答案或输出;相反,它只关注性能。这反映了人类是如何根据积极和消极的结果学习的。同理,在国际象棋人机对弈中,下棋计算机可以学会把它的国王移到对手棋子无法进入的空间,以避免己方国王被将死,从而输掉比赛。然后,这一基本经验就可以被扩展和推断出来,直到计算机能够打败人类顶级玩家。强化学习的其他应用在物流、日程安排和任务的战略规划中也很常见。

三、如何选择合适的算法

1. 对问题分类

要想在实际应用中选出恰当的机器学习算法,就必须先搞清楚我们的算法要实现什么目标，然后以此来找到正确的算法类别。首先，可以对问题进行分类，这包含两个过程：

（1）根据输入数据分类

如果我们的数据有标签，这就是一个监督学习问题；如果数据没有标签而且我们想找出数据的内在结构，那这就是无监督学习；如果我们想通过与环境交互来优化目标函数，就是强化学习。

（2）根据输出结果分类

如果模型输出结果是一个数值，这就是回归问题；如果输出结果是一个类别，这就是分类问题；如果输出结果是一组输入数据，那这就是聚类问题。

我们只能在一定程度上缩小算法的选择范围，且一般并不存在最好的算法或可以给出最好结果的算法。对于所选的每种算法，都可以使用其他的机器学习技术来改进其性能。在对输入数据进行处理之后，每个算法的相对性能也可能会发生变化。所以一般来讲，发现优秀算法的关键环节是反复试错的迭代过程。

2. 使用算法创建应用程序的步骤

虽然机器学习算法各不相同，但使用算法创建应用程序的步骤却基本类似，通常分为以下几步：

1）收集数据：数据可能来自数据库、互联网，或是各种形式的数据采集。

2）输入数据：取得数据之后，还必须确保数据格式符合要求。因此，我们一般会将数据处理为算法能用的形式。

3）分析数据：此步骤主要是人工分析以前得到的数据。这一步的主要作用是确保数据集中没有垃圾数据。当信任数据来源时，可直接跳过这一步。

4）训练算法：使用我们的训练样本集来训练已写好的算法。在此步骤中，将前两步得到的格式化数据输入到算法中，并从中抽取知识或信息。如果采用无监督学习算法，由于不存在目标变量值，也就不再需要训练算法。

5）测试算法：为了对算法性能进行评估，必须对算法工作的效果进行测试。即通过验证样本集来确定算法的准确率。

6）使用算法：用训练好的机器学习算法去执行实际任务，让未知的数据变成已知或接近已知。

四、典型的机器学习算法

1. K近邻算法（K-Nearest Neighbor Algorithm，KNN）

K近邻算法是给定一个训练数据集，在训练数据集中找到与新的输入实例最邻近的 K 个实例（也就是 K 个邻居），这 K 个实例的多数属于某个类，就把该输入实例分类到这个类中。KNN 属于监督学习的一种，它不仅可以用于分类，还可以用于回归。

KNN 算法的优点：

1）理论成熟，思想简单，既可以用来做分类也可以用来做回归。

2）可用于非线性分类。

3）训练时间复杂度为 O(n)。

4）对数据没有假设，准确度高，对 outlier 不敏感。

KNN 算法的缺点：

1）计算量大。

2）样本不平衡（即有些类别的样本数量很多，而其他样本的数量很少）时，可能影响预测的准确性。

3）需要大量的内存。

2. 决策树算法（Decision Tree，DT）

决策树为树状结构（可以是二叉树或非二叉树），是一种基本的分类与回归方法，属于监督学习。决策树学习通常包括 3 个步骤：特征选择、决策树的生成和决策树的修剪，该算法的核心内容是构造精度高、规模小的决策树，它的典型算法有 ID3、C4.5 和 CART 等。

决策树算法优点：

1）算法容易理解，适用于小数据集。

2）准确度高，分类结果清晰，能够处理多输出的问题。

3）可以处理标称型数据和连续型数据。

4）不需要任何领域的知识和参数假设。

5）适合高维数据。

决策树算法缺点：

1）处理缺失数据时比较困难。

2）容易出现过拟合。

3）易忽略数据集中属性之间的相关性。

3. 朴素贝叶斯（Naive Bayesian，NB）

贝叶斯算法是基于贝叶斯原理，通过概率统计学知识对数据集进行分类的算法。朴素贝叶斯算法是在贝叶斯算法的基础上简化而来的，它假设数据集属性之间条件独立，这种简化方法在一定程度上降低了贝叶斯分类算法的分类效果，但在实际的应用中，极大地简化了贝叶斯算法的复杂性。朴素贝叶斯算法也属于监督学习的一种，可用于解决分类问题。

朴素贝叶斯算法的优点：
1) 逻辑简单，算法稳定。
2) 健壮性好，类型不同的数据集呈现的差异性不大。
3) 数据集属性间的关系相对独立时，算法效果好。

朴素贝叶斯算法的缺点：
1) 数据集属性间的独立性不满足时，会降低分类效果。
2) 可能由于先验模型的原因导致预测效果欠佳。

4. 逻辑回归（Logistic Regression）

线性回归中自变量和因变量之间是线性相关关系，其本质是根据已知的数据集求解一个尽可能拟合所有数据的线性函数，使损失函数最小。逻辑回归虽然被称为回归，但实际上属于监督学习中的分类模型，主要用于解决二分类问题。它在线性回归的基础上引入 sigmoid 非线性函数，将预测结果限定在［0，1］之间，用来表示某件事情发生的可能性。

逻辑回归的优点：
1) 具有很好的数学性质，训练速度快。
2) 模型的可解释性好，简单且容易理解。
3) 仅需存储各维度的特征值，内存资源占用较少。
4) 以概率形式给出预测结果，而不仅仅是 0/1 判定，有利于辅助决策。

逻辑回归的缺点：
1) 因为逻辑回归的决策面是线性的，因此不能解决非线性问题。
2) 形式简单，准确率欠佳。
3) 对于数据不平衡的问题较难解决。
4) 对多重共线性数据非常敏感。

5. 支持向量机（Support Vector Machine, SVM）

支持向量机属于监督学习，主要解决二分类问题。其基本思想是求解能够正确划分训练数据集，并且几何间距最大的超平面。当样本线性可分时，该超平面是唯一的，与该超平面平行并且保持一定函数距离的两个超平面上对应的矢量称为支持矢量。当样本非线性可分时，可以通过核方法进行线性分类。因此，支持矢量机也是常见的核学习方法之一。

支持向量机优点：
1) 可以通过核函数解决非线性分类问题，并可以向高维空间映射。
2) 算法思想简单，分类效果好。
3) 决策函数由少量的支持向量确定，避免了"维数灾难"。

支持向量机缺点：

1）适用于小样本学习，对大规模训练样本实施困难。

2）对于解决多分类问题存在困难，需要多向量机组合实现。

6. K 均值算法（K-Means Algorithm）

K 均值算法是一种基于距离划分的聚类算法，属于无监督学习。其基本原理是选取 K 个对象作为初始聚类中心，根据合适的距离函数计算每个对象与 K 个初始聚类中心的距离，并将各个对象分配到距离最近的聚类中心，分配完成之后重新计算聚类中心，不断重复该过程直至没有对象被重新分配或者聚类中心不再改变。

K 均值算法的优点：

1）原理简单，实现容易。

2）聚类效果好，算法可解释性强。

K 均值算法的缺点：

1）容易受到初始值和离群点的影响，从而导致结果不稳定。

2）结果可能是局部最优，但不能保证是全局最优。

3）对于簇差别较大的情况无法解决。

【任务实践】

任务一　使用 K 近邻算法预测目标变量值

任务描述

对鸢尾花品种进行分类：

某植物爱好者收集了大量鸢尾花的测量数据，包括花瓣的长度和宽度、花萼的长度和宽度；经过植物学专家鉴定，这些鸢尾花的数据均来自山鸢尾、虹膜锦葵、变色鸢尾三个品种之一。我们的目标是构建一个机器学习模型对这些鸢尾花的数据进行学习，最终达到预测鸢尾花品种的目的。这属于监督学习中的分类问题。

技术引进

为解决这一问题，我们引入 K 近邻算法。

K 近邻算法中需要解决三大问题：为何要找邻居？如何选取邻居？选取多少邻居？需要注意的是，当 K=1 时，算法便成了最近邻算法，即寻找最近的那个邻居。

（1）为何要寻找邻居

古语说：物以类聚，人以群分。要想知道一个人怎么样，去看看他的朋友就知道了。其实这个过程就蕴含了 K 近邻算法的核心思想——如果要判断一个样本点的类别，去看看和它邻近的样本点的类别就行了。即，给定一个训练数据集，对新的输入实例，在训练数据集中找到与该实例最邻近的 K 个实例（也就是上面所说的 K 个邻居），这 K 个实例的多数属于哪个类，就把该输入实例分类到这个类中，K 通常是不大于 20 的整数。

（2）如何选取邻居

判定一个样本点的类别需要用到它的邻居，因此，选取邻居的准确性决定了样本点分类的效果。这里的"邻居"不是指地理上的邻近关系，而是指样本点之间的相似度。在特征空间中，两个样本点之间的相似程度用距离度量。距离越短，表示相似程度越高，反之越大。

K 近邻模型的特征空间一般是 n 维实数矢量空间，常用的距离度量方法有欧氏距离、曼哈顿距离、汉明距离等，在实际应用中，需要根据应用的场景和数据本身的特点来选择距离计算方法。

1）欧氏距离：最常见的两点之间或多点之间的距离表示法，又称为欧几里得度量。它定义于欧几里得空间中。点 $A(x_1, x_2, \cdots, x_n)$ 和 $B(y_1, y_2, \cdots, y_n)$ 之间的距离为：

$$d_{AB} = \sqrt{(x_1-y_1)^2 + (x_2-y_2)^2 + \cdots + (x_n-y_n)^2} = \sqrt{\sum_{i=1}^{n}(x_i-y_i)^2}$$

①二维平面上两点 $A(x_1, y_1)$ 与 $B(x_2, y_2)$ 间的欧氏距离：

$$d_{AB} = \sqrt{(x_1-x_2)^2 + (y_1-y_2)^2}$$

②三维空间两点 $A(x_1, y_1, z_1)$ 与 $B(x_2, y_2, z_2)$ 间的欧氏距离：

$$d_{AB} = \sqrt{(x_2-x_1)^2 + (y_2-y_1)^2 + (z_1-z_2)^2}$$

2）曼哈顿距离：是指在欧几里得空间的固定直角坐标系上两点所形成的线段对轴产生的投影的长度总和。例如在平面上，坐标 (x_1, y_1) 的点 A 与坐标 (x_2, y_2) 的点 B 的曼哈顿距离为：

$$d_{AB} = |x_1-x_2| + |y_1-y_2|$$

直观来讲，假如你在曼哈顿要从一个十字路口开车到另一个十字路口，驾驶距离是两点间的直线距离吗？显然不是，因为你无法穿越大楼，实际驾驶距离就是这个"曼哈顿距离"。同时，曼哈顿距离也称为城市街区距离。要注意的是，曼哈顿距离依赖坐标系统的转换，而非系统在坐标轴上的平移或映射。

①二维平面上两点 $A(x_1, y_1)$ 与 $B(x_2, y_2)$ 间的曼哈顿距离为：

$$d_{AB} = |x_1-x_2| + |y_1-y_2|$$

②两个 n 维矢量 $A(x_{11}, x_{12}, \cdots, x_{1n})$ 与 $B(x_{21}, x_{22}, \cdots, x_{2n})$ 间的曼哈顿距离为：

$$d_{AB} = \sum_{k=1}^{n} |x_{1k} - x_{2k}|$$

3）汉明距离：两个等长字符串 s_1 与 s_2 之间的汉明距离定义为，将其中一个变为另外一个所需要做的最小替换次数。

例如，字符串"1111"与"1001"之间的汉明距离为2。

汉明距离常应用在信息编码中，为了增强其容错性，应使得编码间的最小汉明距离尽可能大。

（3）选取多少邻居

除了上节描述的如何定义邻居的问题外，选择多少个邻居（即 K 值定义为多大）的问题也非常重要，因为它会对 K 近邻算法的结果产生重大影响。如果选择较小的 K 值，相当于用较小范围中的训练实例进行预测，即只有与输入实例较近或相似的训练实例才会对预测结果起作用；K 值的减小意味着整体模型变得复杂，容易发生过拟合。如果选择较大的 K 值，就相当于用较大范围中的训练实例进行预测，这时，与输入实例较远（不相似）的训练实例也会对预测起作用，使预测发生错误，且 K 值的增大就意味着整体的模型变得简单。若 K = N，则完全不足取，因为此时无论输入实例是什么，都只是简单地预测它属于在训练实例中最多的类。当模型过于简单时，训练实例中的大量有用信息将会被忽略。

在实际应用中，K 值一般取一个比较小的数值，例如采用交叉验证法（简单来说，就是一部分样本作训练集，一部分作测试集）来选择最优的 K 值。

在 K 近邻算法中，所选择的邻居都是已经正确分类的对象。该方法在定类决策上只依据最邻近的一个或几个样本的类别来决定待分类样本所属的类别。

K 近邻算法实例图如图 3-1 所示，实心圆该属于哪一类，是三角形还是正方形？如果 K = 3，由于三角形所占比例为 2/3，圆将被划分至三角形那个类；如果 K = 5，由于正方形所占比例为 3/5，则圆应被划分为正方形类。由此可知，当无法判定当前待分类点是属于已知分类中的哪一类时，我们可依据统计学的理论来看它所处的位置特征，并衡量它周围邻居的权重，从而把它归为（或分配到）权重更大的那一类。

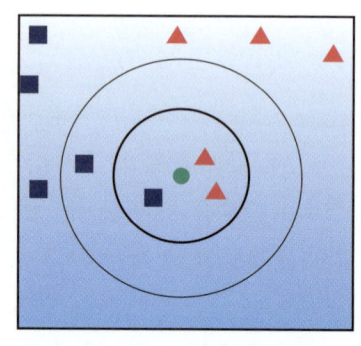

图 3-1 K 近邻算法实例图

任务实施

鸢尾花分类过程展示。

K 近邻算法的一般步骤为：

1）计算测试数据与各训练数据之间的距离。

2）按照距离的递增关系进行排序。

3）选取距离最小的 K 个点。

4）确定前 K 个点所在类别的出现频率。

5）返回前 K 个点中出现频率最高的类别，并将该类别作为测试数据的预测分类。

我们使用 scikit-learn 库中的 K 近邻对 iris 数据集分类效果进行预测实战。众所周知，iris 数据集有四个维度的特征，但是为了方便展示，我们只使用其中的两个维度。完整的代码实现如下：

```python
import numpy as np
import matplotlib.pyplot as plt
from matplotlib.colors import ListedColormap
from sklearn import neighbors, datasets
n_neighbors = 10
iris = datasets.load_iris()          # 导入鸢尾花 iris 数据集
X = iris.data[:, :2]                 # iris 特征有四个,这里只使用前两个特征来做分类
y = iris.target                      # iris 的标签
h = .02                              # 格点矩阵的步长
# 颜色映射
cmap_light = ListedColormap(['#FFAAAA', '#AAFFAA', '#AAAAFF'])
cmap_bold = ListedColormap(['#FF0000', '#00FF00', '#0000FF'])
for weights in ['uniform', 'distance']:
    # 创建近邻实例对象
    clf = neighbors.KNeighborsClassifier(n_neighbors, weights=weights)
    clf.fit(X, y)
    # 绘制决策边界
    # 获得绘图边界
    x_min, x_max = X[:, 0].min() - 1, X[:, 0].max() + 1
    y_min, y_max = X[:, 1].min() - 1, X[:, 1].max() + 1
    xx, yy = np.meshgrid(np.arange(x_min, x_max, h),
                         np.arange(y_min, y_max, h))     #生成格点矩阵
    Z = clf.predict(np.c_[xx.ravel(), yy.ravel()])       #预测
    Z = Z.reshape(xx.shape)                              #将结果放入颜色布局
    plt.figure()                                         #新建一个画板
    plt.pcolormesh(xx, yy, Z, cmap=cmap_light)           #绘制分类结果
    plt.scatter(X[:, 0], X[:, 1], c=y, cmap=cmap_bold)   #绘制散点图
    plt.xlim(xx.min(), xx.max())                         #绘制边界及标题
    plt.ylim(yy.min(), yy.max())
    plt.title("3-Class classification (k = %i, weights = '%s')"
              % (n_neighbors, weights))
plt.show()
```

代码运行结果如图 3-2 所示。

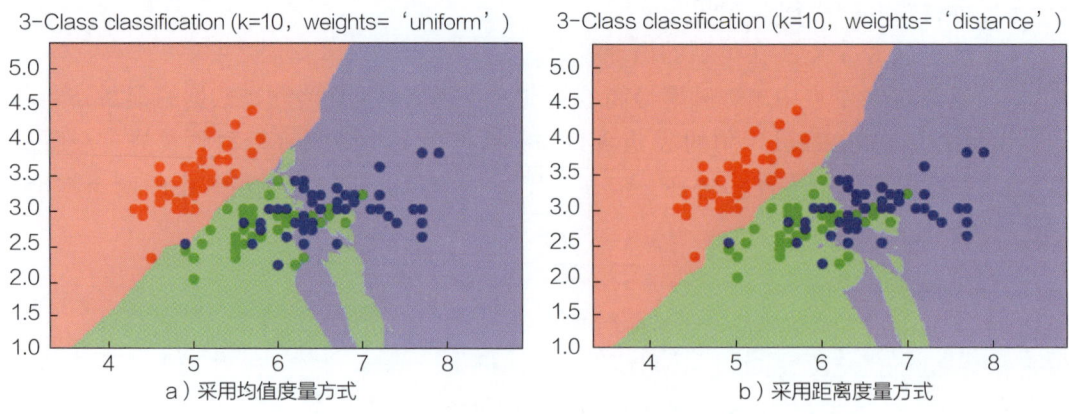

图 3-2 鸢尾花分类预测结果

代码中邻居数使用的是 n. neighbors = 10，只使用 iris 的前两维特征作为分类特征。权重度量采用了两种方式：均值（uniform）和距离（distance）。均值代表的是所有的 K 个近邻在分类时重要性选取的是一样的，该参数是默认参数；距离指分类时 K 个邻居中每个邻居所占的权重与它与预测实例的距离成反比。

新手试练：手写数字识别

手写数字识别是常见的图像识别任务。训练模型时通常使用 mnist 数据集。该数据集是含数字 0~9 的手写体图片数据集，图片已归一化为以手写数字为中心的 28×28 规格的图片，我们使用 K 近邻算法构建分类器并实现对手写数字的识别，完整代码如下：

```python
from __future__ import print_function
from sklearn.model_selection import train_test_split
from sklearn.neighbors import KNeighborsClassifier
from sklearn.metrics import classification_report
from sklearn import datasets
import numpy as np
import matplotlib.pyplot as plt
mnist = datasets.load_digits()                  #读取 MNIST 数据集
X = np.array(mnist.data)
Y = mnist.target
print(X.shape)
print(Y.shape)
#将数据划分为训练集和测试集
X_train, X_test, Y_train, Y_test = train_test_split(X, Y, test_size = 0.30)
from sklearn.metrics import classification_report, confusion_matrix
#生成 classifier 分类器,n_neighbors 设置为 5
```

```
classifier = KNeighborsClassifier(n_neighbors = 5)
classifier.fit(X_train, Y_train) #训练分类器
#测试训练集的数据,并反映预测结果
Y_pred1 = classifier.predict(X_train)
print(confusion_matrix(Y_train, Y_pred1))
print(classification_report(Y_train, Y_pred1))
Y_pred = classifier.predict(X_test)
print(confusion_matrix(Y_test, Y_pred))
print(classification_report(Y_test, Y_pred))
#探究预测误差与邻居值大小的关系
error = []
for i in range(3, 21):
    knn = KNeighborsClassifier(n_neighbors = i)
    knn.fit(X_train, Y_train)
    pred_i = knn.predict(X_test)
    error.append(np.mean(pred_i ! = Y_test))
plt.plot(range(3, 21), error, color ='red', linestyle ='dashed', marker ='o',
        markerfacecolor ='blue', markersize =10)
plt.title('Error Rate K Value')
plt.xlabel('K Value')
plt.ylabel('Mean Error')
plt.show()
```

运行结果如图3-3所示。

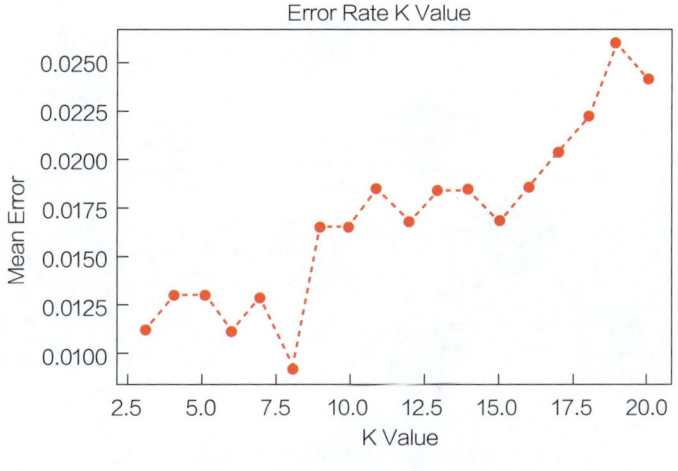

图3-3 手写数字识别运行结果

任务二　使用决策树算法预测目标变量值

任务描述

判断 Hello Kitty 是女孩是猫。

风靡全球 40 年的萌萌猫 Hello Kitty 在其 40 岁生日时被其形象拥有者宣称：Hello Kitty 是一个卡通小女孩而不是一只猫。那么 Hello Kitty 到底是人还是猫呢？我们的目标是构建一个机器学习模型对人的特征数据进行学习，最终达到预测 Hello Kitty 是人还是猫的目的，这同样是属于监督学习中的分类问题。

技术引进

决策树算法。

决策树由结点和有向边组成。结点有两种类型：内部结点和叶结点。其中，每个内部结点表示一个属性上的测试，每个分支代表一个测试输出，每个叶结点代表一种类别。使用决策树算法进行决策的过程就是从根结点开始，测试待分类项中相应的特征属性，并按照其值选择输出分支，直至到达叶结点，将叶结点存放的类别作为决策结果。决策树算法仅有单一输出，若需要复数输出，可以建立独立的决策树算法以处理不同输出。

下面还是使用买橙子的案例来介绍，决策过程如图 3-4 所示。

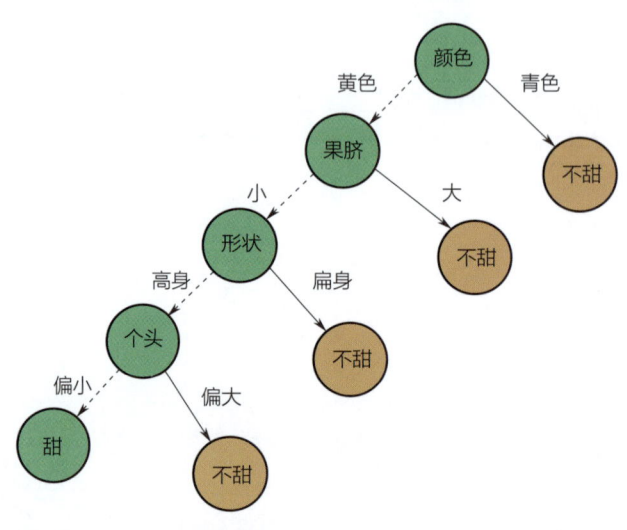

图 3-4　买橙子决策过程图

图中内部结点表示判断条件，叶结点表示决策结果，箭头表示一个判断条件在不同情况下的决策路径。图中虚线箭头表示了买橙子的决策过程，这个过程形象地体现了决策树算法的工作原理。下面介绍如何根据已有的样本数据建立一棵决策树。

（1）特征选择

选择一个合适的特征作为判断结点可以快速地分类，提高决策树算法的学习效率。如果利用一个特征进行分类的结果与随机分类的结果没有很大差别，则称这个特征是没有分类能力的。决策树算法的目标就是把数据集按对应的类标签进行分类，最理想的情况是通过特征的选择能把不同类别的数据集贴上对应的类标签。为了解决特征选择问题，找出最优特征，要先介绍一些信息论的相关知识。

1）熵。熵是表示随机变量不确定性的度量，随机变量的不确定性越大，熵越大，反之越小。假如给定样本集 S，类别总数为 m，第 i 类样本所占的比例为 p_i，i = 1，2，…，m。则样本集的熵定义为：

$$Entropy(S) = -\sum_{i=1}^{m} p_i \log_2(p_i)$$

其中，规定 $0\log_0 = 0$。熵的单位与公式中对数的底有关，采用 2 为底，单位为比特（bit）；采用 e 为底，单位为奈特（nat）；还可以采用其他的底和单位，不同的单位只是量纲不同，可使用换底公式进行互换。计算机基于布尔逻辑，只有 0 和 1 两种状态，因此本案例中采用以 2 为底，而在数学推导中往往使用以 e 为底。

给定包含关于某个目标概念的正反样例的样例集 S，那么 S 相对这个布尔型分类的熵为：

$$Entropy(S) = -p_+ \log_2(p_+) - p_- \log_2(p_-)$$

2）信息增益。信息增益是指划分数据集前后信息发生的变化，用熵（信息的不确定性）减少的程度来表示。信息增益越大，表示该特征提供的信息越多，这个特征也就越重要。假设给定样本集 S，S 中某特征属性 A 有 n 个可能的取值，该取值集合记为 $V(A) = \{A_1, A_2, \cdots, A_n\}$，如果使用特征 A 来对数据集 S 划分，则会产生 n 个分支结点，其中，第 v 个节点中包含了数据集 S 中所有在特征 A 上取值为 A_v 的样本，记为 S_v。由于不同的分支结点所包含的样本数量不同，给分支节点赋予权重，使得样本数越多的分支节点影响越大。此种情况下，特征属性 A 对样本集 S 进行划分所获得的信息增益 $Gain(S, A)$ 定义为：

$$Gain(S,A) = Entropy(S) - \sum_{V \in V(A)} \frac{|S_v|}{|S|} Entropy(S_v)$$

其中，$Entropy(S)$ 表示样本集 S 的熵，V 表示特征的取值，$|S|$ 表示样本集合数量，$|S_v|$ 是 S 中在特征 A 上取值等于 V 的样本集合数量，$Entropy(S_v)$ 表示 S 中在特征 A 上取值等于 V 的样本的信息熵。

构造决策树的基本思想是随着树深度的增加，节点的熵迅速地降低，熵降低的速度越快越好。因此，在计算完数据中所有的特征后，我们会选择信息增益最大的特征来对根节点进行分类。

（2）ID3 算法

ID3 算法最早由 Ross Quinlan 提出，该算法以信息论为基础，以信息熵和信息增益度为衡量标准，每次选择分裂后信息增益最大的属性作为决策点将数据分成两部分，从而递归地构建决策树。其过程可以概括为：从根节点开始计算所有可能划分情况下的信息增益；然后选择信息增益最大的特征进行划分，由该特征的不同取值建立子节点；最后对子节点递归地调用以上方法，构建决策树，直到所有特征的信息增益均很小或没有可以选择为止。下面举例说明 ID3 算法构建决策树过程中特征属性的选择方法。

假设某一天，老师问了个问题：只根据头发和声音怎么判断一位同学的性别？为了解决这个问题，同学们简单地统计了 8 位（3 男 5 女）同学的相关特征，数据如表 3-2 所示。

表 3-2 8 位同学特征和标签

编号	头发	声音	性别
1	短	粗	男
2	短	粗	男
3	长	细	女
4	短	细	女
5	短	粗	女
6	长	粗	女
7	长	粗	女
8	长	粗	男

同学 A 认为，可以先根据头发判断，若判断不出，再根据声音判断，于是构建了一颗决策树，如图 3-5 所示。

这时同学 B 提出了异议，他认为应先根据声音判断，然后再根据头发来判断，于是也构建了一颗决策树，如图 3-6 所示。

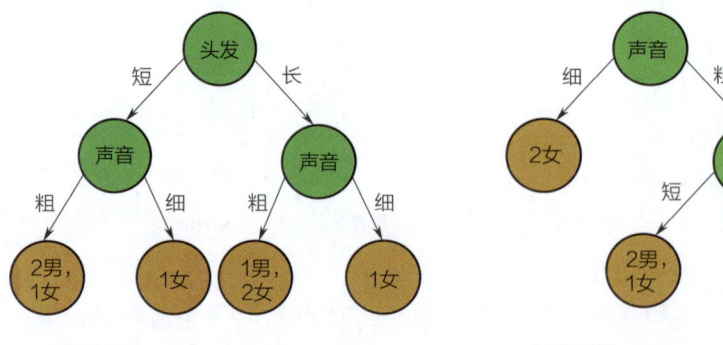

图 3-5 同学 A 构建的决策树　　图 3-6 同学 B 构建的决策树

那么问题来了：同学 A 和同学 B，谁的决策树好些？计算机做决策树的时候，面对多个特征，该选哪个特征作为最佳的划分特征？

划分数据集的大原则是将无序的数据变得更加有序。我们可以使用多种方法划分数据集，但是每种方法都有各自的优缺点。因此，如果我们能测量数据的复杂度，再将按不同特征分类后的数据复杂度进行对比，若按某一特征分类后复杂度减少得更多，那么这个特征即为最佳分类特征。

首先计算未分类前的熵，总共有 8 位同学，男生 3 位，女生 5 位。

$$熵（总） = -3/8log_2(3/8) - 5/8log_2(5/8) = 0.9544$$

接着，分别计算同学 A 和同学 B 分类后信息熵。

同学 A 首先按头发分类，分类后的结果为：长头发中有 1 男 3 女，短头发中有 2 男 2 女。

$$熵（长发） = -1/4log_2(1/4) - 3/4log_2(3/4) = 0.8113$$
$$熵（短发） = -2/4log_2(2/4) - 2/4log_2(2/4) = 1$$
$$熵（头发） = (4/8) \times 0.8113 + (4/8) \times 1 = 0.9057$$

信息增益（按头发特征划分）= 熵（总）- 熵（头发）= 0.9544 - 0.9057 = 0.0487

同理，按同学 B 的方法，先按声音特征分类，声音粗中有 3 男 3 女，声音细中有 0 男 2 女。则分类后的结果为：

$$熵（声音粗） = -3/6log_2(3/6) - 3/6log_2(3/6) = 1$$
$$熵（声音粗） = -2/2log_2(2/2) = 0$$
$$熵（声音） = (6/8) \times 1 + (2/8) \times 0 = 0.75$$

信息增益（按声音特征划分）= 熵（总）- 熵（声音）= 0.9544 - 0.75 = 0.2044

由此可见，按同学 B 的方法，先按声音特征分类，信息增益更大，区分样本的能力更强，更具有代表性。

任务实施

判断 Hello Kitty 是女孩还是猫过程展示。

1) 特征选取。我们提取七个特征，用来判断一个形象是女孩是猫。这七个特征包括：是否有蝴蝶结；是否穿衣服；是否高过 5 个苹果；是否有胡子；是否圆脸；是否有猫耳朵；是否两脚走路。我们用一个表格来表现这七个特征，如表 3-3 所示。

表 3-3 提取的七个特征和标签

标签	是否有蝴蝶结	是否穿衣服	是否高过 5 个苹果	是否有胡子	是否圆脸	是否有猫耳朵	是否两脚走路
女孩	是	是	是	否	否	否	是
女孩	是	是	否	否	是	否	是
女孩	否	是	否	否	否	否	是

(续)

标签	是否有蝴蝶结	是否穿衣服	是否高过5个苹果	是否有胡子	是否圆脸	是否有猫耳朵	是否两脚走路
女孩	是	是	否	否	是	否	是
女孩	否	是	否	否	是	否	是
女孩	否	是	否	否	是	否	是
女孩	是	是	否	否	是	否	是
女孩	否	是	否	否	是	否	是
女孩	是	是	否	是	是	是	是
猫	否	否	否	是	是	是	否
猫	否	否	否	是	是	是	是
猫	是	否	是	是	是	是	否
猫	否	否	是	是	是	是	是
猫	是	否	是	是	是	是	否
猫	否	否	是	否	是	是	否
猫	是	否	是	是	是	是	否
猫	是	否	是	是	是	是	否

2）用 ID3 算法构造决策树。本例中，我们选用最简单的 ID3 算法，代入数据进行计算。

① 根据信息熵的概念，我们先来计算熵（总）。

$$熵（总）= -(9/17)\log_2(9/17) - (8/17)\log_2(8/17) = 0.9975$$

② 分别计算各个特征的熵。每个特征都只有两个取值：是或者否，下面以"是否有蝴蝶结"为例来进行计算。

熵（蝴蝶结）= P(有蝴蝶结) × (−P{(女孩|有蝴蝶结)} × $\log_2$(P{(女孩|有蝴蝶结)}) − P{(猫|有蝴蝶结)} × $\log_2$(P{(猫|有蝴蝶结)})) + P(无蝴蝶结) × (−P{(女孩|无蝴蝶结)} × $\log_2$(P{(女孩|无蝴蝶结)}) − P{(猫|无蝴蝶结)} × $\log_2$(P{(猫|无蝴蝶结)}))

= (8/17) × { −(4/8)$\log_2$(4/8) − (4/8)$\log_2$(4/8)} + (9/17) × { −(5/9)$\log_2$(5/9) − (4/9)$\log_2$(4/9)}

= 8/17 + (9/17) × { −(5/9)$\log_2$(5/9) − (4/9)$\log_2$(4/9)}

= 0.9952

依次计算其他特征，得出如下结果：

$$熵（穿衣服）= 0.4426$$
$$熵（高过 5 个苹果）= 0.8605$$
$$熵（有胡子）= 0.5222$$

$$熵(圆脸) = 0.8795$$
$$熵(猫耳朵) = 0.2664$$
$$熵(2只脚走路) = 0.5222$$

③进一步计算，可得出"是否有猫耳朵"这个特征的信息增益最大，因此"是否有猫耳朵"是第一个分裂节点。从这一特征对应的类别也可以看出，所有特征值为"否"的都一定是女孩；特征值为"是"的，可能是女孩也可能是猫，则第一次分裂，构建决策树如图3-7所示。

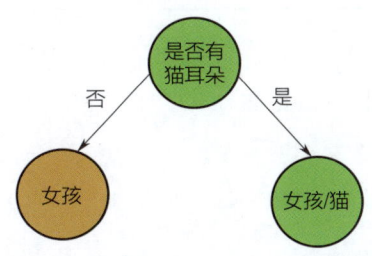

图3-7 以是否有猫耳朵为结点构造决策树

现在"是否有猫耳朵"已经成为了分裂点，下一步分裂将该特征排除，用剩下的六个特征继续分裂成树，六个特征如表3-4所示。

表3-4 剩下的六个特征和标签

标签	是否有蝴蝶结	是否穿衣服	是否高过5个苹果	是否有胡子	是否圆脸	是否两脚走路
女孩	否	是	否	是	是	是
猫	否	否	否	是	是	否
猫	否	是	否	是	是	是
猫	是	否	是	是	是	否
猫	否	否	是	是	是	否
猫	是	否	是	是	是	否
猫	否	是	是	否	是	否
猫	是	是	是	是	是	否
猫	是	否	是	是	是	否

表3-4为第二次分裂所使用的训练数据，相对于表3-3，"是否有猫耳朵"列，和前8行对应"是否有猫耳朵"为"否"的数据都已经被删除，剩下的部分用于第二次分裂。如此反复迭代，最后使得七个特征都成为分裂点。

需要注意的是，如果某个特征被选为当前轮的分裂点，但是它在现存数据中只有一个值，另一个值对应的记录为空，那么这个时候针对不存在的特征值，将它标记为该特征在所有训练数据中所占比例最大的类型。

在本案例中,当我们将"是否穿衣服"作为分裂点时,会发现该特征只剩下了一个选项——是,如表 3-5 所示,此时怎么给"是否穿衣服"为"否"的分支做标记呢?

表 3-5 分裂后的特征和标签

标签	是否有蝴蝶结	是否穿衣服	是否高过 5 个苹果	是否有胡子	是否圆脸
女孩	否	是	否	是	是
猫	否	是	否	是	是

这时就要看,在表 3-3 中,"是否穿衣服"为"否"的记录中是女孩多还是猫多。显然,在该表中"是否穿衣服"为"否"的女孩个数为 0、猫的个数为 6,因此"是否穿衣服"为"否"的分支直接标记成猫。

根据上述方法,最终我们构建的决策树如图 3-8 所示。

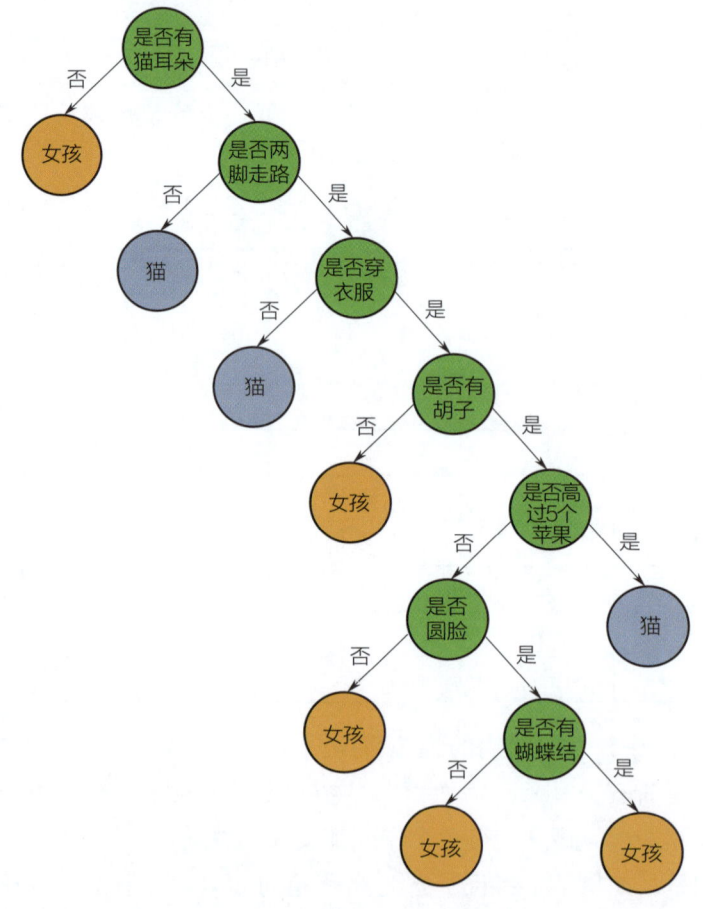

图 3-8 ID3 算法构造决策树

决策树剪枝：剪枝是优化决策树的常用手段。剪枝方法可以分为先剪枝和后剪枝。

先剪枝也称局部剪枝，是指在构造过程中，当某个结点满足剪枝条件，则直接停止此分支的构造。

后剪枝也称全局剪枝，是指先构造完成完整的决策树，再通过某些条件遍历树进行剪枝。

现在决策树已经构造完成，所以我们采用后剪枝法对上面的决策树进行修剪。如图3-8中显示，最后两个分裂点"是否圆脸"和"是否有蝴蝶结"的存在并无意义——想想也对，无论女孩或猫，都有可能是圆脸，也都可以有蝴蝶结。所以我们遍历所有结点，将没有区分作用的节点删除。剪枝后的决策树如图3-9所示。

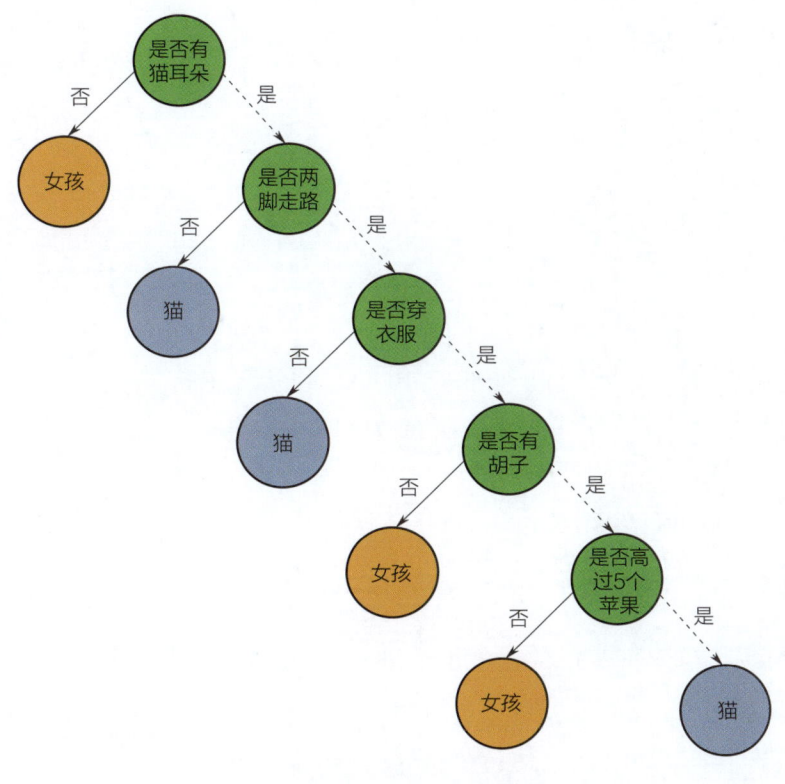

图3-9　剪枝后的决策树

3）用决策树对 Hello Kitty 进行分类。我们将 Hello Kitty 的特征带入"猫——女孩"决策树，发现 Hello Kitty 是女孩还是猫的决策过程如图3-9中虚线所示，因此，我们通过 ID3 算法可得 Hello Kitty 是只猫。

下面的代码就是用 numpy 和 sklearn 来实现用例子中的训练决策树来判断 Hello Kitty 物种所对应的程序。

```python
from sklearn import tree
from sklearn.model_selection import train_test_split
import numpy as np
#9 个女孩和 8 只猫的训练数据,对应 7 个特征,"是"取值为 1,"否"为 0
features = np.array([
       [1,1,1,0,1,0,1],
       [1,1,0,0,1,0,1],
       [0,1,0,0,0,0,1],
       [1,1,0,0,1,0,1],
       [0,1,0,0,1,0,0],
       [0,1,0,0,1,0,1],
       [1,1,0,0,1,0,1],
       [0,1,0,0,1,0,1],
       [0,1,0,1,1,1,1],
       [0,0,0,1,1,1,0],
       [0,1,0,1,1,1,1],
       [1,0,1,1,1,1,0],
       [0,0,0,1,1,1,0],
       [1,0,0,1,1,1,0],
       [0,0,1,0,1,1,0],
       [1,1,1,1,1,1,0],
       [1,0,1,1,1,1,0]
    ])
#1 表示是女孩,0 表示是猫
labels = np.array([
       [1],
       [1],
       [1],
       [1],
       [1],
       [1],
       [1],
       [1],
       [1],
       [0],
       [0],
       [0],
       [0],
       [0],
       [0],
       [0],
       [0],
```

```
        [0],
    ])
# 从数据集中取 20% 作为测试集,其他作为训练集
X_train, X_test, y_train, y_test = train_test_split(
        features,
        labels,
        test_size = 0.2,
        random_state = 0,
    )
# 训练分类树模型
clf = tree.DecisionTreeClassifier()
clf.fit(X = X_train, y = y_train)
# 测试
print(clf.predict(X_test))
# 对比测试结果和预期结果
print(clf.score(X = X_test, y = y_test))
# 预测结果
HelloKitty = np.array([[1,1,1,1,1,1,1]])
print(clf.predict(HelloKitty))
```

运行结果为:

  [1 1 0 0]

  0.75

  [0]

从数据集中取 20% 作为测试集,其他作为训练集,从运行结果可以看出,输入 Hello Kitty 的测试数据:[1,1,1,1,1,1,1],预测结果为猫(0 代表猫)。该模型预测准确度得分为 0.75(得分区间为 [0,1])。

新手试练:预测隐形眼镜类型

隐形眼镜类型包括硬材质(hard)、软材质(soft)和不适合佩戴(no lenses)三种情况,其特征有四个:年龄(age)、症状(prescript)、是否散光(astigmatic)、眼泪数量(tearRate)。我们使用决策树构建分类器并实现对隐形眼镜类型的预测,关键代码如下:

```
from math import log
import operator
def createTree(dataSet, labels):          #创建决策树
    classList = [example[-1] for example in dataSet]
    if classList.count(classList[0]) == len(classList):
```

```python
        return classList[0]           #当所有类相等时停止分裂
    if len(dataSet[0]) == 1:          #当数据集中没有更多特征时停止分裂
        return majorityCnt(classList)
    bestFeat = chooseBestFeatureToSplit(dataSet)
    bestFeatLabel = labels[bestFeat]
    myTree = {bestFeatLabel:{}}
    del (labels[bestFeat])
    featValues = [example[bestFeat] for example in dataSet]
    uniqueVals = set(featValues)
    for value in uniqueVals:
        subLabels = labels[:]         #拷贝所有标签
        myTree[bestFeatLabel][value] = createTree(splitDataSet(dataSet,
bestFeat, value), subLabels)
    return myTree

def classify(inputTree, featLabels, testVec):
    firstStr = [k for k in inputTree.keys()][0]
    secondDict = inputTree[firstStr]
    featIndex = featLabels.index(firstStr)
    key = testVec[featIndex]
    valueOfFeat = secondDict[key]
    if isinstance(valueOfFeat, dict):
        classLabel = classify(valueOfFeat, featLabels, testVec)
    else:
        classLabel = valueOfFeat
    return classLabel

import trees,treePlotter
fr = open('lenses.txt')               #加载数据集
lenses = [inst.strip().split('\t') for inst in fr.readlines()]
print(lenses)
lensesLabels = ['age','prescript','astigmatic','tearRate']
lensesTree = trees.createTree(lenses, lensesLabels)
print(lensesTree)

print(trees.classify(lensesTree, [' age ', ' prescript ', ' astigmatic ', '
tearRate'], ['young','myope','no','reduced']))
print(trees.classify(lensesTree, [' age ', ' prescript ', ' astigmatic ', '
tearRate'], ['young','myope','no','normal']))
print(trees.classify(lensesTree, [' age ', ' prescript ', ' astigmatic ', '
tearRate'], ['young','myope','yes','reduced']))
treePlotter.createPlot(lensesTree)
```

输出结果如图 3-10 所示。

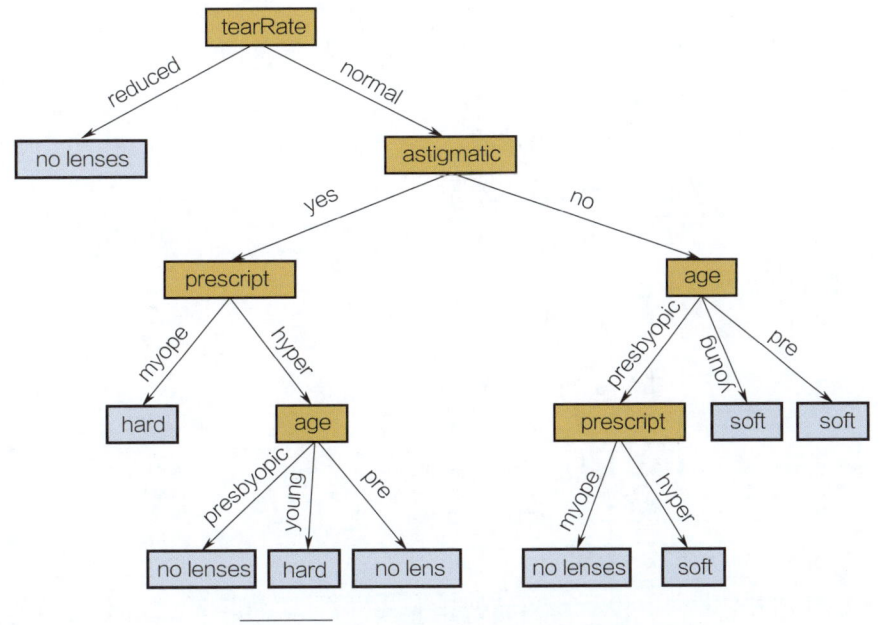

图 3-10　预测隐形眼镜类型运行结果

【单元小结】

1）机器学习基本概念和主要分类，包括监督学习、无监督学习和强化学习。

2）机器学习算法的选取以及典型的机器学习算法，包括 K 近邻算法、决策树算法、朴素贝叶斯、逻辑回归、支持向量机和 K 均值算法等。

3）K 近邻算法和决策树算法的实际应用。

【单元测试】

一、习题

1. 假如有这样一个场景：

　　朋友：你眼前有十杯红酒，前五杯属于"西拉"，后五杯属于"赤霞珠"。现在，我重新倒一杯新酒，你能根据刚才的十杯红酒信息正确地告诉我它属于哪一类吗？

　　你并没有品酒而是问了朋友每杯酒的一些具体信息：酒精浓度、颜色深度等，最后，你告诉朋友这杯新酒应该是"赤霞珠"。

　　在这个场景中，请回答：

1）训练数据是（　　　）；

2）特征是（　　　）；

3）标签是（　　　）；

4）测试数据是（　　）。
　　A. 酒精浓度、颜色深度等　　　　B. 十杯红酒
　　C. "西拉"和"赤霞珠"　　　　　　D. 一杯新酒

2. 下列哪个算法不属于监督学习？（　　）
　　A. K 近邻算法　　B. 决策树算法　　C. K 均值算法　　D. 朴素贝叶斯

3. 逻辑回归主要用来解决什么问题？（　　）
　　A. 回归　　　　B. 分类　　　　C. 聚类　　　　D. 降维

4. 假如有如下训练集：
　　　　5.1, 3.5, 1.4, 0.2, Iris-setosa
　　　　4.9, 3.0, 1.4, 0.2, Iris-setosa
　　　　7.0, 3.2, 4.7, 1.4, Iris-versicolor
　　　　6.4, 3.2, 4.5, 1.5, Iris-versicolor
　　　　6.3, 3.3, 6.0, 2.5, Iris-virginica
　　　　5.8, 2.7, 5.1, 1.9, Iris-virginica
　　采用前两列数据计算欧氏距离，使用 K 近邻算法（K=3）预测：
　　　　5.9, 3.0, 5.1, 1.8
　　属于哪个鸢尾花品种？（　　）
　　A. Iris – setosa　　B. Iris – setosa　　C. Iris – virginica　　D. 都不是

5. 下列哪项不是决策树的典型算法？（　　）
　　A. ID3　　　　B. C4.5　　　　C. CART　　　　D. Adaboost

二、实践

使用 K 近邻算法预测红酒分类。

三、应用场景

请用 500 字描述机器学习的主要应用场景有哪些。

单元四
声音识别——让机器耳听八方

【学习目标】

1. 了解语音识别、声纹识别及语音合成的基本概念。
2. 了解鸡尾酒会问题及远场识别问题。
3. 运用 Python 平台实现语音录制。
4. 运用人工智能开放平台实现语音合成。

【学习路线】

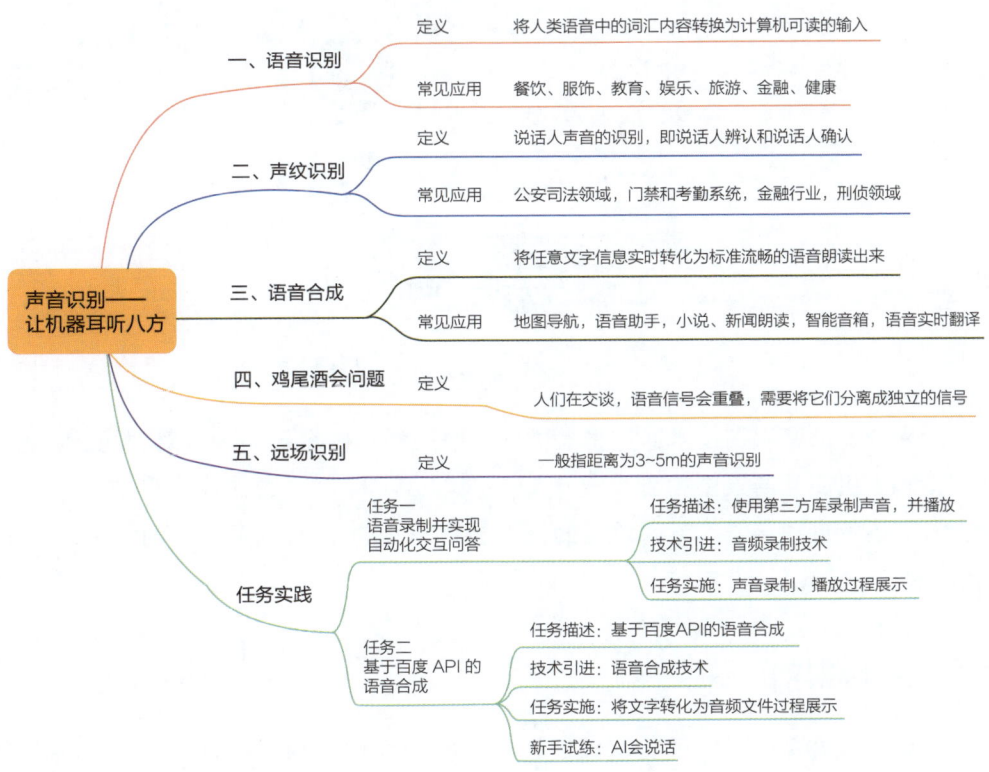

【专业英文词汇】

Text to Speech：文语转换

Cocktail Party Problem：鸡尾酒会问题

Time-frequency Unit：时频元

【知识准备】

一、语音识别

人与人之间最自然、最常用的交流方式是语言，而语音是最常用且最直接的语言表现形式。语音识别是一门交叉学科。近年来，基于人工智能技术的语音识别、声纹识别和语音合成技术取得重大进展。人机交互正由传统的以机器为中心，转向以人为中心的自然交互。预计未来 10 年内，语音识别技术将进入餐饮、服饰、教育、娱乐、旅游、金融、健康等各个领域，如图 4-1 所示。通常来说，语音识别所涉及的技术包括：信号处理、模式识别、概率论和信息论、发声机理和听觉机理、人工智能等。

图 4-1 语音识别技术进入的领域

一般来说，语音识别技术通过将人类语音中的词汇内容转换为计算机可读的输入，从而在很多人机交互场景中得到广泛应用。例如，听写数据的计算机自动录入、语音辅助拨号、语音自动导航、室内设备的语音控制、语音文档检索、不同语种之间的语音到语音的互译等。

二、声纹识别

声纹识别是语音识别的重要基础性技术，属于生物识别的一种，又称说话人声音的识别。声纹识别分为两类：说话人辨认和说话人确认。声纹识别的理论基础是每一个声音都具有独特的特征,通过该特征能将不同人的声音进行有效的区分。声纹识别技术能够提取每个人的语音特征,实现"听音辨人",在涉及说话人身份识别的场景中具有重要应用价值。例如,在公安司法领域,可以用声纹识别技术处理声音信息以区分嫌疑人;在门禁和考勤系统中,可以通过提取语音中的声纹特征进行登记和签到;在金融行业,可以采用声纹识别技术对电话银行或远程证券交易中的客户进行身份确认;在刑侦领域,可以通过声纹识别技术判断监听电话中是否有嫌疑人出现。声纹识别的作用如图 4-2 所示。

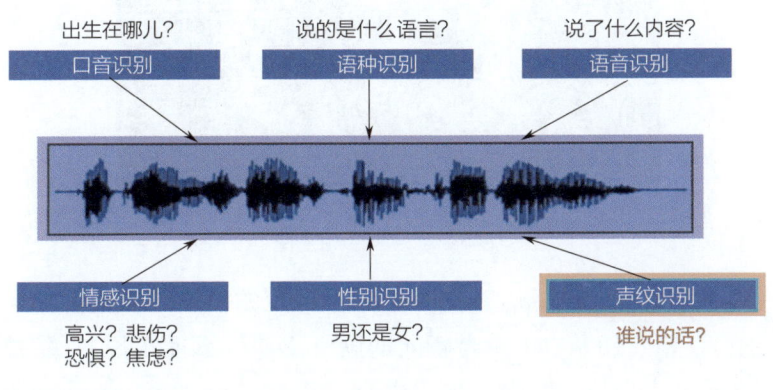

图 4-2 声纹识别的作用

三、语音合成

语音合成,又称文语转换(Text to Speech)技术,它能将任意文字信息实时转化为标准流畅的语音并朗读出来。语音合成技术是将任意文本转换成语音的技术,是人与计算机语音交互必不可少的模块。它涉及声学、语言学、数字信号处理、计算机科学等多个学科技术,是中文信息处理领域的一项前沿技术,解决的主要问题就是如何将文字信息转化为可听的声音信息,即让机器像人一样开口说话。我们所说的"让机器像人一样开口说话"与传统的声音回放设备(系统)有着本质的区别。传统的声音回放设备(系统),如磁带录音机,是通过预先录制声音然后回放来实现"让机器说话"的。这种方式无论是在内容、存储、传输或方便性、及时性等方面都存在很大的限制;而通过计算机语音合成则可以随时将任意文本转换成具有高自然度的语音,从而真正实现让机器"像人一样开口说话"。如果说语音识别技术是让计算机学会"听"人的话,将输入的语音信号转换成文字,那么语音合成技术就是让计算机程序把我们输入的文字"说"出来,将任意输入的文本转换成语音输出。

随着智能语音合成技术的发展,语音系统可以自动生成与真人声音几乎无法区分的声音。2019 年 3 月 3 日,全球首位 AI 合成女主播正式上岗,引起了全球传媒业和人工智能领域的极大关注。新版的 AI 合成主播可以实现逼真的语音合成效果,让 AI 的声音更具有真实情感和表现力。通过结合图像生成技术，新版的 AI 合成主播实现了更加逼真的表情生成、自然的肢体动作以及嘴唇动作预测等能力，呈现了能站立并可以做出肢体动作的主播形象，进一步提升了 AI 合成主播的表现力，AI 合成主播如图 4-3 所示。目前，我国在这一领域处于全球领先地位。

图 4-3　AI 合成主播

语音合成技术是人与计算机语音交互中必不可少的模块。从地图导航（例如，高德地图语音导航）、语音助手、小说与新闻朗读（书旗、百度小说）、智能音箱、语音实时翻译，到各种大大小小的客服、呼叫中心，甚至机场广播、地铁和公交车报站都少不了语音合成技术的身影。

四、鸡尾酒会问题

鸡尾酒会问题（Cocktail Party Problem）诞生于 1953 年，是语音识别领域的经典问题，指的是当人们在鸡尾酒会中交谈时，语音信号会重叠在一起，那么在这种嘈杂的环境中机器如何将它们分离成独立的信号的问题。当前语音识别技术已经可以较高精度识别一个人所讲的话，但是当说话的是两人或者多人时，语音识别率就会极大地降低，这一难题被称为鸡尾酒会问题。该问题给定混合信号，需分离出鸡尾酒会中同时说话的每个人的独立信号，如图 4-4 所示。

图 4-4　鸡尾酒会问题示意图

对于计算机来说，这个问题与图像识别中的物体识别非常相似。图片中的物体就像想要听到的声音，图片的背景则是其他声音，如图4-5所示，图片中前面的"球"就是想听到的声音，"书"和"桌子"就是背景音或杂音。

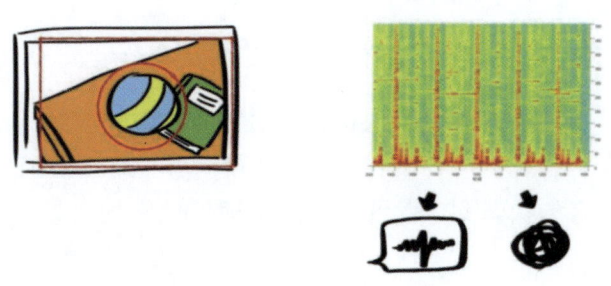

图4-5　图像与声音识别的相似点

关于这个问题目前有两种解决思路。一种基于单通道系统，即依靠语音的频谱解决问题。比如将想听到的声音的时频元（Time - frequency Unit）标注为1，其他声音标注为0，让机器去学习输出为1的那部分时频元。基于频谱分离声音的示意图如图4-6所示。

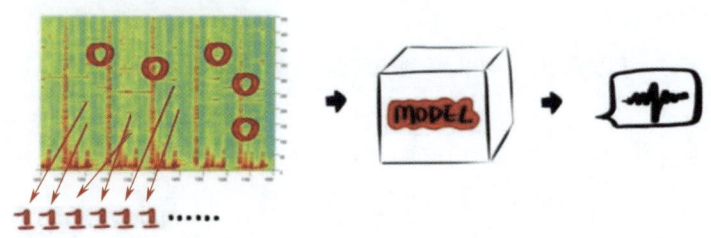

图4-6　基于频谱分离声音

另一种方法是基于多通道系统，即在鸡尾酒会的不同位置布置多个麦克风，基于空间位置收音并进行分离，如图4-7所示。

图4-7　基于空间位置收音并进行分离

虽然深度学习已经在鸡尾酒会问题中取得了很大突破，但仍无法真正解决这一问题。声音在空间传播会存在一定的损失，同时环境噪音也会形成很多干扰，这些因素都为声音识别带来了很大的挑战。

五、远场识别

远场语音识别，一般指距离为 3～5m 的声音识别。其常见的场景有会议室、车载场景、智能家居场景等。若发声者没有特意与麦克风凑得很近，而是处于一个自然说话、由远端麦克风拾音的状态下，就可以认为是远场识别的场景。在远场环境下，会面临以下几个问题：

1）距离远，信噪比很低，导致收音不理想。

2）同时，比如在封闭或者室内环境下，还会存在一定的混响，以及环境中的背景音等各种无向噪声。

3）有些远场识别场景下，会存在多人说话，比如会议室内、车内，那么关键的问题就是要能够区分出多个目标语音信号。这也就是常说的鸡尾酒会问题，也常称为"多源信号干扰检测"问题。

4）最后，还有一个是由于设备回声引起的声音消除问题。回声指的是音响播放的声音，又会回传给麦克风。

综合以上几点，可以看出，针对远场识别，为了更好地获取目标语音信号，需要解决的问题就是：

1）如何更清晰地捕捉到目标语音信号并提取出来。

2）如何捕捉到多目标语音信号并区分开来。

3）如何尽可能地减少无效噪声，减小干扰源的影响。简单来说就是去混响、降噪、回声消除。

因此，在远场识别中的语言前端处理模块上，主要通过引入麦克风阵列技术来解决上述问题。麦克风阵列技术指的是由一定数目的声学传感器（一般是麦克风）组成，用来对声场的空间特性进行采样并处理的系统，属于应用多通道的技术。使用麦克风阵列，可以具备分辨声源方向的能力，实现声源定位、声源信号的提取和分离，对语音信号进行增强，同时实现去混响效果。

【任务实践】

任务一　语音录制并实现自动化交互问答

任务描述

使用 Python 第三方库 pyaudio 实现麦克风录音。并根据代码进行语音合成操作，获得音频文件后使用 FFmpeg 系统工具进行播放。

技术引进

Python 很强大的原因就是它庞大的第三方库。这个第三方库的资源是非常丰富的，其中就包括音频库 pyaudio。通过调用这个库，可以实现开启麦克风录音、播放音频文件等功能。

任务实施

1）首先要运用 pip 工具安装一个 pyaudio 库。安装命令如下：

```
pip install pyaudio
```

2）pyaudio 实现麦克风录音。建立一个 py 文件，复制如下代码：

```python
import pyaudio
import wave
CHUNK = 1024
FORMAT = pyaudio.paInt16
CHANNELS = 2
RATE = 16000
RECORD_SECONDS = 2
WAVE_OUTPUT_FILENAME = "Oldboy.wav"
p = pyaudio.PyAudio()
stream = p.open(format=FORMAT,
                channels=CHANNELS,
                rate=RATE,
                input=True,
                frames_per_buffer=CHUNK)

print("开始录音,请说话......")
frames = []
for i in range(0, int(RATE /CHUNK * RECORD_SECONDS)):
    data = stream.read(CHUNK)
    frames.append(data)
print("录音结束!")

stream.stop_stream()
stream.close()
p.terminate()
```

```
wf = wave.open(WAVE_OUTPUT_FILENAME,'wb')
wf.setnchannels(CHANNELS)
wf.setsampwidth(p.get_sample_size(FORMAT))
wf.setframerate(RATE)
wf.writeframes(b"".join(frames))
wf.close()
```

运行一下，在目录中出现了一个 Oldboy.wav 文件。接下来将这段录音代码写在一个函数里面。如果要录音的话，建立一个文件 pyrec.py，并将录音代码和函数写在内。

文件 pyrec.py 代码如下：

```
import pyaudio
import wave
CHUNK = 1024
FORMAT = pyaudio.paInt16
CHANNELS = 2
RATE = 16000
RECORD_SECONDS = 2
def rec(file_name):
    p = pyaudio.PyAudio()
    stream = p.open(format=FORMAT,
                    channels=CHANNELS,
                    rate=RATE,
                    input=True,
                    frames_per_buffer=CHUNK)
    print("开始录音,请说话......")
    frames = []
    for i in range(0, int(RATE/CHUNK * RECORD_SECONDS)):
        data = stream.read(CHUNK)
        frames.append(data)
    print("录音结束!")
    stream.stop_stream()
    stream.close()
    p.terminate()
    wf = wave.open(file_name,'wb')
    wf.setnchannels(CHANNELS)
    wf.setsampwidth(p.get_sample_size(FORMAT))
    wf.setframerate(RATE)
    wf.writeframes(b"".join(frames))
    wf.close()
```

rec 函数就是调用的录音函数。给这个函数指定一个文件名，它就会自动将声音写入这个文件中。

3）实现音频格式自动转换并调用语音识别。录音之后，就可以调用百度语音识别 API，对语音进行识别，其代码如下：

```
import pyrec
from aip import AipSpeech
#这里三个参数,对应在百度语音识别 API 中所创建的应用的三个参数
APP_ID = '******'
API_KEY = '******'
SECRET_KEY = '******'

client = AipSpeech(APP_ID,API_KEY,SECRET_KEY)

pyrec.rec("1.wav")
#读取文件
with open("1.wav",'rb') as fp:
    file_context = fp.read()
#识别本地文件
res = client.asr(file_context.'pcm',16000,{'dev_pid':1536,})
#打印结果
print(res)
```

不管录音有多么清晰，都会发现百度返回的永远是：

{'err_msg':'speech quality error.','err_no': 3301,'sn':'6397933501529645284'}
#音质不清晰。

其实不是百度没听清，而是录音不符合百度支持的 PCM 音频格式的要求，所以要将录制的 wav 音频格式转换为 pcm 音频格式。编写一个文件 wav2pcm.py，这个文件里面的函数专门转换 wav 格式为 pcm 格式。使用 Python 的 os 模块中的 os.system()方法，该方法用来执行系统命令。文件 wav2pcm.py 代码如下：

```
import os
def wav_to_pcm(wav_file):
    # 假设 wav_file = "音频文件.wav"
    # wav_file.split(".") 得到["音频文件","wav"],拿出第一个结果"音频文件"#与".pcm" 拼接,得到结果"音频文件.pcm"
    pcm_file = "%s.pcm" % (wav_file.split(".")[0])
    # 在 cmd 窗口中输入命令,让 Python 在 cmd 中执行命令
    os.system("ffmpeg -y  -i %s  -acodecpcm_s16le -f s16le -ac 1 -ar 16000 %s"% (wav_file,pcm_file))
    return pcm_file
```

这样就可以把 wav 文件转为 pcm 文件了，再重新构建一次，代码如下：

```
import pyrec
import wav2pcm
from aip import AipSpeech
#这里三个参数，对应在百度语音识别 API 中所创建的应用的三个参数
APP_ID = '******'
API_KEY = '******'
SECRET_KEY ='******'
client = AipSpeech(APP_ID,API_KEY,SECRET_KEY)
pyrec.rec("1.wav")
#将 wav 文件转换成 pcm 文件，返回 pcm 的文件名
pcm_file = wav2pcm.wav_to_pcm("1.wav")
#读取文件
with open(pcm_file,'rb') as fp:
    file_context = fp.read()
#识别本地文件
res = client.asr(file_context,'pcm',16000,{'dev_pid':1536,})
#打印结果
print(res)
```

这次的返回结果正确。

{'corpus_no':'6569869134617218414','err_msg':'success.','err_no':0,'result':['你好'],'sn':'8116162981529666859'}。

拿到语音识别的字符串之后，接下来用这段字符串实现语音合成。

4）语音合成与 FFmpeg 播放 mp3 文件。得到语音识别的字符串后直接调用 synthesis 方法进行语音合成。

```
    res_str = res.get("result")[0]
    #从字典里面获取"result"的 value 列表中第 1 个元素，就是识别出来的字符串"高职教育"
synth_context = client.synthesis(res_str,"zh",1,{
    "vol":5,
    "spd":4,
    "pit":9,
    "per":4
})

with open("synth.mp3","wb") as f:
    f.write(synth_context)
```

这段代码衔接上一段代码，成功获得了 synth.mp3 音频文件，并且确定了它是在学习人说的话。接下来就是让程序自动将 synth.mp3 音频文件播放。FFmpeg 这个系统工具中有一个 ffplay 的工具是用来打开并播放音频文件的，使用方法是：ffplay 音频文件.mp3。建立一个 playmp3.py 文件，编写一个 play_mp3 的函数用来播放已经合成的语音。文件 playmp3.py 代码如下：

```
import os
def play_mp3(file_name):
    os.system("ffplay  % s"% (file_name))
#回到主文件,调用 playmp3.py 文件中的 play_mp3 函数
  with open("synth.mp3","wb") as f:
    f.write(synth_context)
import playmp3
playmp3.play_mp3("synth.mp3")
```

执行代码，当你看到：开始录音，请说话……

请大声地说出要说的话，然后就会听到一个声音重复你说的话。

5）交互式问答。首先要把代码重新梳理一下，把语音合成、语音识别部分的代码独立成函数放到 baidu_ai.py 文件中。

文件 baidu_ai.py 代码如下：

```
from aip import AipSpeech
# 这里的三个参数,对应在百度语音创建的应用中的三个参数
APP_ID = '******'
API_KEY = '******'
SECRET_KEY = '******'
client = AipSpeech(APP_ID, API_KEY, SECRET_KEY)
def audio_to_text(pcm_file):
    #读取文件，终于得到了 PCM 文件
    with open(pcm_file,'rb') as fp:
        file_context = fp.read()
    #识别本地文件
    res = client.asr(file_context,'pcm',16000,{
        'dev_pid':1536,
    })
    #从字典里面获取"result"的 value 列表中第1个元素,就是识别出来的字符串"高职教育"
    res_str = res.get("result")[0]
    return res_str
```

```
def text_to_audio(res_str):
    synth_file = "synth.mp3"
    synth_context = client.synthesis(res_str, "zh", 1, {
        "vol": 5,
        "spd": 4,
        "pit": 9,
        "per": 4
    })
    with open(synth_file, "wb") as f:
        f.write(synth_context)
    return synth_file
```

接下来把主文件做一下修改:

```
import pyrec    # 录音函数文件
import wav2pcm   # wav 转换 pcm 函数文件
import baidu_ai    # 语音合成函数,语音识别函数文件
import playmp3   # 播放 mp3 函数文件
# 录音并生成 wav 文件, 使用 rec 方法传入文件名
pyrec.rec("1.wav")
# 将 wav 文件转换成 pcm 文件,返回 pcm 的文件名
pcm_file = wav2pcm.wav_to_pcm("1.wav")
# 将转换后的 pcm 音频文件识别成字符串 res_str
res_str = baidu_ai.audio_to_text(pcm_file)
# 将 res_str 字符串合成语音,返回文件名 synth_file
synth_file = baidu_ai.text_to_audio(res_str)
# 播放 synth_file
playmp3.play_mp3(synth_file)
```

res_str 是字符串,如果该字符串内容为"你叫什么名字",就作出回答:我的名字叫×××。新建一个 FAQ.py 的文件,然后编写一个函数 faq。文件 FAQ.py 代码如下:

```
def faq(Q):
    if Q == "你叫什么名字":  # 问题
        return "我的名字是 xxx"  # 答案
    return "我不知道你在说什么"  # 如果不是上述问题时返回的答案
```

在主文件中导入这个函数,并将语音识别后的字符串传入函数中。

```
import pyrec #录音函数文件
import wav2pcm #wav 转换 pcm 函数文件
import baidu_ai #语音合成函数,识别语音函数文件
import playmp3 #播放 mp3 函数文件
#录音并生成 wav 文件
pyrec.rec("1.wav")
#将 wav 文件转换成 pcm 文件,返回 pcm 的文件名
pcm_file = wav2pcm.wav_to_pcm("1.wav")
#将转换后的 pcm 音频文件识别成文字 res_str
res_str = baidu_ai.audio_to_text(pcm_file)
import FAQ
#将语音识别后的字符串,传入 FAQ 中进行问题答案检索
Q_str = FAQ.faq(res_str)
#将 FAQ 检索到的字符串 Q_str 字符串合成语音返回文件名 synth_file
synth_file = baidu_ai.text_to_audio(Q_str)
#播放 synth_file
playmp3.play_mp3(synth_file)
```

任务二　基于百度 API 的语音合成

任务描述

利用百度 AI 开放平台的语音合成功能,将输入的文字合成为声音文件。

技术引进

语音合成是与语音识别互逆的过程,是将用户输入的文字转换为流畅自然的语音输出,在输出过程中,可以支持语速、音量、音调等的设置。语音合成的输入是文本,因此首先要进行文本分析,包括文本正则、分词、词性标注、单字注音等;在文本分析基础上进行韵律、停顿的预测,也就是说语音在通过计算机朗读出来的时候,韵律是什么样子的,是升调还是降调,停顿的位置在哪等,在此基础上预测声学参数。这包括两类技术(见图 4-8):第一是基于在线合成的方式,通过对语音库里面的语音进行选择,它的选择标准与声学参数匹配,之后进行拼接输出;另外一种是通过声码器进行离线合成,不需要在线的语音库。通过语音识别和合成,计算机不仅可以听懂人的语言,还能够说出人类的语言。

任务实施

1) 登录百度账号,选择"语音技术",如图 4-9 所示。

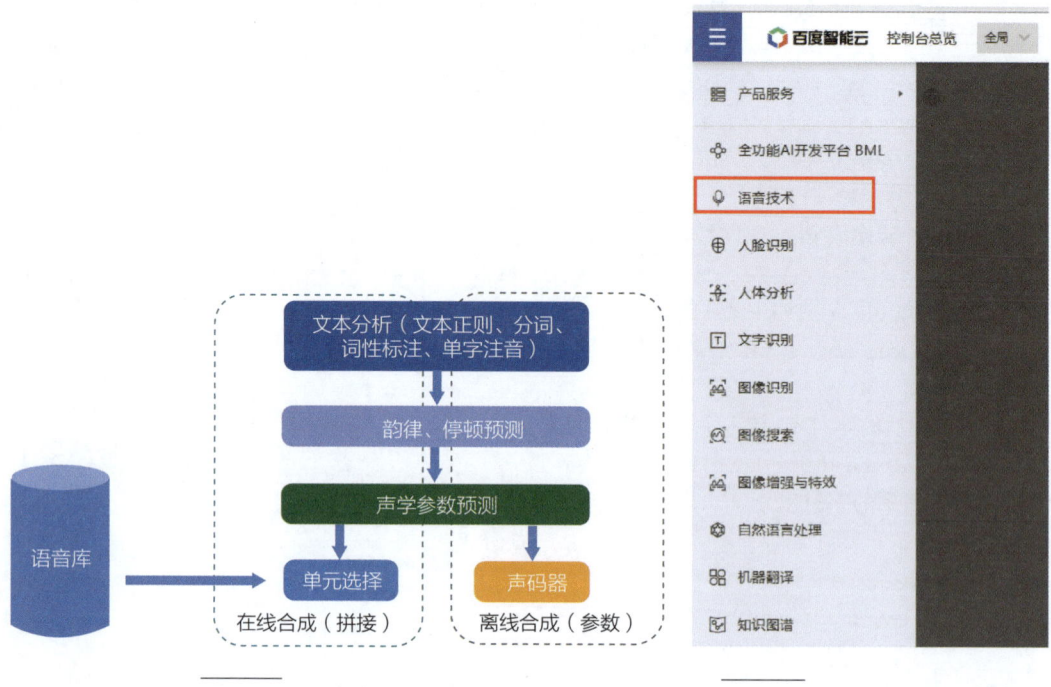

图4-8 语音合成流程图　　　　图4-9 选择"语音技术"

2）进入图4-10所示页面，单击"创建应用"按钮，创建语音合成的应用。

图4-10 语音技术应用页面

3）依次输入应用名称，选择接口，接口默认选择语音技术，其中默认包含"短文本在线合成"功能，添加应用描述，单击立即创建，如图4-11所示。

4）至此，应用创建完毕，现在就可以使用该应用了。

5）回到创建完毕界面，单击返回应用列表，如图4-12所示，将列表中AppID、API Key、Secret Key三项内容记录下来以备后用。

基于百度API的
语音识别

单元四　声音识别——让机器耳听八方

图4-11　语音合成应用创建

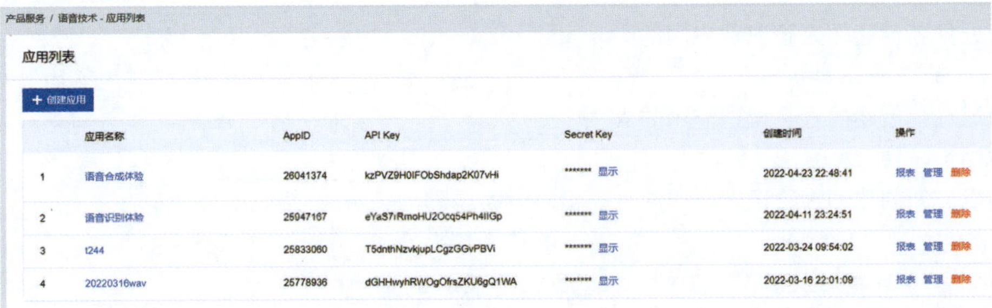

图4-12　应用列表页面

6）新建speech.py文件，第一行代码中导入的AipSpeech是语音识别的Python SDK客户端，为使用语音技术的开发人员提供了一系列的交互方法；为APP_ID、API_Key、Secret_Key赋值，该值为图4-12中"语音合成体验"应用创建完毕后记录下来的三项内容；调用AipSpeech中的synthesis方法进行语音合成。

代码如下:

```
from aip import AipSpeech
""" 你的 APPID AK SK """
APP_ID = '******'
API_KEY = '******'
SECRET_KEY = '******'
client = AipSpeech(APP_ID, API_KEY, SECRET_KEY)
result = client.synthesis('一起向未来','zh',1,{'vol': 5,})
# 识别正确返回语音二进制 错误则返回 dict 参照下面错误码
if not isinstance(result,dict):
    with open('c:\audio111.mp3','wb') as f:
        f.write(result)
```

注:****** 为百度 AI 平台新建应用生成的相应值。

7)运行程序,查看 C 盘下是否生成了 audio111. mp3 声音文件。

程序运行结果显示,已经正确地生成了声音文件 audio111. mp3。

新手试练:AI 会说话

请大家体验一下百度人工智能云平台的"语音合成"功能。

1)准备一段用于合成声音的文字,如:"每个人是自己健康的第一责任人"。

2)登录百度账号,按照任务三的 1)~5)的步骤,完成声音合成应用的创建。

3)新建 speech – synthesis. py 文件,在第一行代码中导入 AipSpeech 包。

代码如下:

```
from aip import AipSpeech
""" 你的 APPID AK SK """
#替换成你新创建的人脸识别应用的 APP_ID
APP_ID = '******'
#替换成你新创建的人脸识别应用的 API_KEY
API_KEY = '******'
#替换成你新创建的人脸识别应用的 SECRET_KEY
SECRET_KEY = '******'
client = AipSpeech(APP_ID, API_KEY, SECRET_KEY)
result = client.synthesis('每个人是自己健康的第一责任人','zh',1,{'vol': 5,})
# 识别正确返回语音二进制 错误则返回 dict 参照下面错误码
if not isinstance(result,dict):
    with open('c:\audio111.mp3','wb') as f:
        f.write(result)
```

注:****** 为百度 AI 平台新建应用生成的相应值。

4）运行程序，查看语音合成结果。

【单元小结】

1）本单元在知识准备中介绍了语音识别与声纹识别，同时介绍了语音合成。在应用方面，介绍了鸡尾酒会问题、远场识别等问题。

2）在实践当中，介绍了如何应用 Python 平台实现语音录制及语音播放。

3）通过运用百度 API 实现了语音识别。

【单元测试】

一、习题

1. "鸡尾酒会问题"属于哪个领域的问题？（　　）
  A. 语音识别　　　B. 社交问题　　　C. 场景布置　　　D. 时间安排
2. 远场语音识别，一般指（　　）距离的声音识别？
  A. 1m 以内　　　B. 1～2m　　　C. 3～5m　　　D. 1km 以外
3. 以下属于音频库的是？（　　）
  A. pycharm　　　B. pyinstaller　　　C. pyvideo　　　D. pyaudio

二、实践

请通过百度 API，完成一次语音识别。

三、应用场景

请用 500 字描述语音识别的主要应用场景有哪些。

单元五
自然语言处理——让机器识文断字

【学习目标】

1. 掌握自然语言处理的概念。
2. 了解自然语言处理的发展历程。
3. 掌握自然语言处理的基础技术。
4. 能够利用 Python 进行简单的自然语言处理应用开发。

【学习路线】

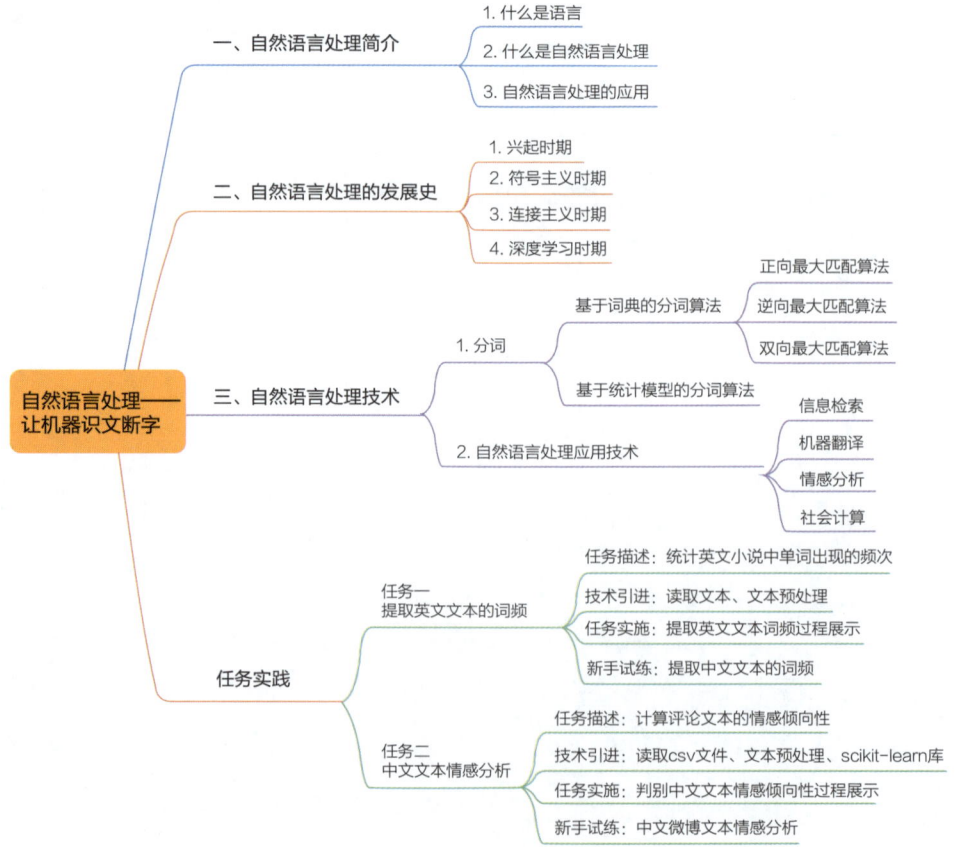

【专业英文词汇】

Natural Language Processing（NLP）：自然语言处理
Word Segmentation：分词
Named Entity Recognition（NER）：命名实体识别
Part-Of-Speech Tagging（POS Tagging）：词性标注
Dependency Parsing（DP）：依存句法分析

【知识准备】

一、自然语言处理简介

1. 什么是语言

语言是人类沟通交流的工具。汉语、英语是语言，口语、书面语是语言，手语也是语言。

从物理层面来看，语言是由句子组成的，句子是由短语组成的，短语是由词组成的。例如，句子"语言是由句子组成的"，它是由"语言""是""由句子组成的"三个短语组成的，而短语是由词组成的，因此，从词的角度看，该句子也是由"语言""是""由""句子""组成""的"六个词组成的，如图5-1所示。

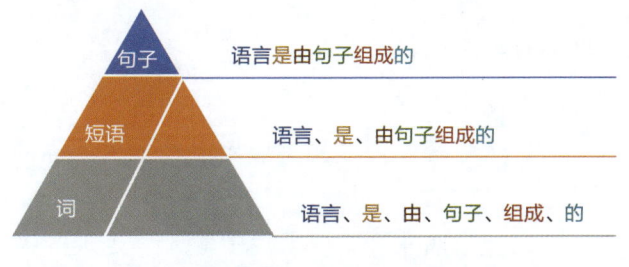

图5-1 句子的构成

那么词是语言中最小的单位吗？并不是。语素才是最小的、有意义的语言单位，例如，"语言"这个词是由"语"和"言"组成的。从发音的角度来看，口语的最小单位是音素，这时，语言就是由y、u、y、a、n五个音素组成的。

语言是一个符号系统，语音和文字只是语言依托的物理媒介，任何语言都是概念的映射。不同语言的词，可以指向同一个概念，比如，苹果和apple这两个词都可以指向一个真正的苹果，如图5-2所示。而同一个词往往也可以指向好几个概念，比如，苹果这个词可以代表甜甜的红苹果，也可以代表酸酸的绿苹果，甚至可以代表一个品牌，如图5-3所示。

图5-2 不同语言的词指向同一个概念举例　　图5-3 同一个词指向不同概念举例

了解了什么是语言以后,我们再来看一下自然语言处理的概念。

2. 什么是自然语言处理

自然语言处理(Natural Language Processing,NLP)是计算机科学领域和人工智能领域中的一个重要研究方向,是一门融合计算机科学、语言学、数学、认知心理学等学科于一体的学科。自然语言处理主要研究人与计算机之间使用自然语言有效沟通的各种理论和方法,志在实现人与计算机之间沟通和人与人之间沟通的无差别。因此,这一领域的研究将涉及自然语言,也就是人们日常使用的语言,它与语言学的研究既有着密切的联系,又有着重要的区别。自然语言处理并不是简单的研究自然语言,具体来说,它的研究最终会形成一个能有效实现自然语言通讯的计算机系统,尤其是其中的软件系统。这也是为什么我们认为自然语言处理是计算机科学的一部分。

3. 自然语言处理的应用

或许自然语言处理的概念令你迷茫,但你一定使用过自然语言处理的应用,因为随着互联网时代的到来,自然语言处理的相关应用已经融入了你的生活。下面介绍两种常见的应用。

第一个例子是百度搜索。当你在百度搜索栏中输入"今天的天气如何?",百度会分析理解你输入的句子,并给出与天气相关的搜索结果,如图5-4所示。你输入搜索内容并得到搜索结果的这个过程,其实是问答系统的一部分,我们把这个动作称为给出响应与回答。那么,什么是问答系统(Question Answering System,QAS)?我们熟悉的Siri、OK Google、聊天框和虚拟助理,这些都是问答系统。问答系统是一种能够用自然语言自动回答人类提出的问题的系统,是信息检索系统的一种高级形式,它能用精准的自然语言回答用户用自然语言所提出的问题。其中,要完成Siri这个应用,除了使用问答系统中的一部分技术,还需要语音识别等技术。

第二个例子是翻译软件。翻译软件是机器翻译的应用,它可以将信息从一种语言翻译成另一种语言。被大多数人熟悉的有道翻译应用,在其中输入中文"今天天气如何",它可以给出对应的英文,以及相关短语、双语例句等,如图5-5所示。其实机器翻译的初衷很简单，它希望研究出一种计算机算法用来自动完成翻译而无须任何人工干预。那么机器翻译是如何实现的呢？机器翻译的实现过程和人类的思维是相似的。当我们还是孩子的时候，我们给词语赋予含义，然后对这些词进行组合、抽象和推断；同样，机器翻译会搜集尽可能多的文本，然后对数据进行处理并找到相对最合适的翻译。

图 5-4 百度搜索结果

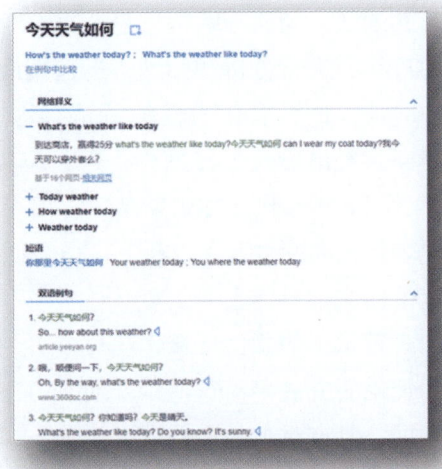

图 5-5 有道翻译结果

通过上面两个例子，相信你已经对自然语言处理的应用有了更形象、更立体的理解。

二、自然语言处理的发展史

自然语言处理有着悠久的发展史，大致可以分为：兴起时期、符号主义时期、连接主义时期和深度学习时期四个阶段。

1. 兴起时期

1948 年，信息论的创始人香农把马尔可夫过程模型应用于建模自然语言，提出热力学中"熵"的概念，并将其扩展到自然语言建模领域。香农认为，跟其他物理世界的信号一样，自然语言是具有统计学规律的，通过统计分析可以有效地帮助人们更好地理解自然语言。1950 年，艾伦·麦席森·图灵提出著名的图灵测试，标志着人工智能领域的开端。二战后，受到美苏冷战的影响，美国政府开始重视机器自动翻译的研究工作，以便于随时监视苏联最新的科技进展。1954 年美国乔治城大学（Georgetown University）在一项实验中，成功将约 60 句的俄文自动翻译成英文，被视为机器翻译可行的开端。自此开始的十年间，政府与企业相继投入大量的资金，用于机器翻译的研究。1956 年，乔姆斯基（Chomsky）提出了"生成式文法"这一大胆猜想，他假设在客观世界存在一套完备的自然语言生成规律，每一句话都遵守这套规律而生成。总结出这个客观规律，人们就掌握了自然语言的奥秘。因此，从 1956 年起，自然语言的研究就被分为了以语言学为基础的符号主义学派，以及以概率统计为基础的连接主义学派。

2. 符号主义时期

在自然语言处理发展的符号主义时期，人们的研究工作主要从语言学角度，分析自然语言的词法、句法等结构信息，并从客观实际记录的语言出发，统计词法、句法等结构的规律，进行分析和归纳，进而据此解决自然语言的相关问题。

这一时期，最具有代表性的就是乔姆斯基，以及他提出的"生成式文法"。1956 年，乔姆斯基提出形式语言理论，这是早期颇具影响力的计算语言学的句法理论。20 世纪 50 年代和 70 年代，乔姆斯基又提出了转换生成语法和约束管辖理论，此外，乔姆斯基的代表作之一《句法结构》一经出版就在语言学界传播开来，更被认为是 20 世纪理论语言学研究中最伟大的贡献。

我们必须承认的是，计算语言学理论在这一时期得到了长足的发展，涌现出一系列重要的理论研究成果，这些成果促进了认知科学、语言学、心理学和人工智能相关学科的发展，具有重大的理论意义。

1966 年，完全基于规则的对话机器人 ELIZA 在麻省理工学院（MIT）人工智能实验室诞生，这也是历史上第一个聊天机器人，标志着人们在"让人与计算机之间的对话成为可能"这件事上迈出了重要一步。

3. 连接主义时期

1980 年后，由于计算机硬件技术的快速发展、计算机存储容量的扩大以及运算能力的提升，个人计算机可以处理更加复杂的计算任务，自然语言处理研究也得以复苏。人们开始关注如何工程化、实用化的解决问题，研究人员开始使用基于语料库的统计方法来处理自然语言，并客观地比较各个方法的性能。在这一时期中，统计机器学习等新理论方法的不断涌现，进一步推动了自然语言处理技术的发展。

研究人员尝试使用浅层神经网络，结合少量标注数据的方式训练模型。这一方式虽然取得了一定的效果，但是仍然无法让大部分人满意。后来研究者开始使用人工提取自然语言特征的方式，结合简单的统计机器学习算法解决自然语言问题。它的实现方式是基于研究者在不同领域总结的经验，将自然语言抽象成一组特征，使用这组特征结合少量标注样本，训练各种统计机器学习模型，如支持向量机、决策树、随机森林、概率图模型等，最终完成不同的自然语言任务。这种方式基于大量领域专家经验积累，如解决一个情感分析任务，那么一个很重要的特征就是是否有情感词表，因此该方法具有简单、鲁棒性强的特点。

4. 深度学习时期

2006 年，随着深度神经网络反向传播算法的提出，以及互联网的爆炸式发展、计算机硬件能力的提升所带来的计算机算力,尤其是 GPU 算力的大幅度提高,人们不再依赖语言学知识和有限的标注数据,自然语言处理进入了深度学习时期。

深度学习是学习大量样本数据的内在规律和表示层次,进而利用习得的知识分析问题并得出结论,这就相当于让计算机模仿人类的视听和思考等活动,像人一样具有分析和学习的能力。目前深度学习已经在搜索技术、机器翻译、个性化推荐等多个领域取得多项成果,而随着 Transform、Bert 等模型的出现,基于互联网的海量数据,深度学习技术在自然语言处理领域的作用逐渐加大,并显现出巨大的商业价值,自然语言处理和人工智能领域的发展进入了鼎盛时期。

回顾自然语言处理的发展史,其发展经历了多个历史阶段的演进,不同学派之间相互补充促进,共同推动了自然语言处理技术的快速发展。

三、自然语言处理技术

随着自然语言处理的发展,其相关应用已经随处可见,那么这些应用都用到了哪些技术呢?自然语言处理中最基础的技术共有 4 种:将句子拆成一个个词语的自动分词;能够识别自然语言文本中具有特定意义的实体,比如人、地、机构、时间、作品等的命名实体识别;能确定每个词是名词、动词、形容词或者其他词性的词性标注;以及能够自动分析句子中的句法成分的依存句法分析,如分析出句子中的主语、谓语、宾语、定语、状语和补语等成分。

基于这些基础技术,人们就能完成一些相对复杂的任务,比如语义分析、文本分类、信息检索、自动摘要等。基于这些或基础、或复杂的自然语言处理任务,人们就能完成一些可以改变生活体验的实用任务,比如机器翻译、问答系统、情感分析、社会计算等。自然语言处理技术的关系图如图 5-6 所示。

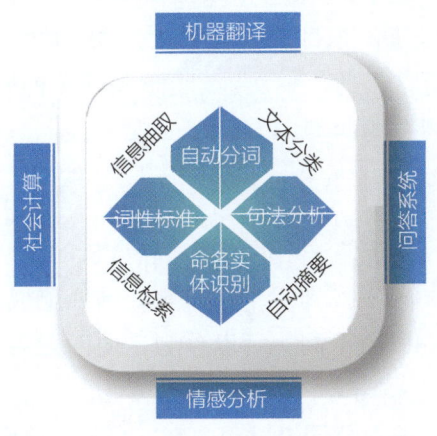

图 5-6 自然语言处理技术的关系图

1. 分词

下面我们重点讲述一下分词技术。

分词是指将连续的自然语言文本切分成具有语义合理性和完整性的词性序列，比如英文句子"I love China"总共由3个词组成，分别是"I""love""China"，如图5-7所示；中文句子"我爱中国"也是由3个词组成，分别是"我""爱""中国"，如图5-8所示。

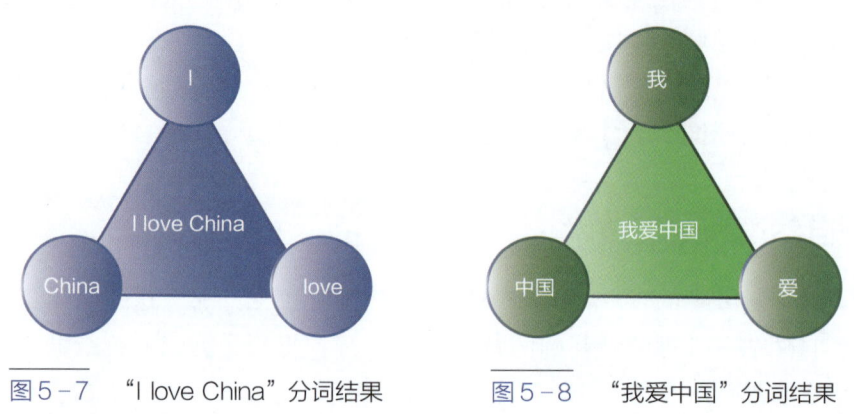

图5-7 "I love China"分词结果　　　图5-8 "我爱中国"分词结果

通过上述两个例子可以发现，英文分词和中文分词是有很大不同的。在英文中，英文句子的词语与词语之间是由空格间隔的，因此分词结果是显而易见的；而中文句子中所有词语都是没有间隔的，因此想要识别中文句子中的词语，需要用一定的处理技术来对词语进行划分。

中文分词之所以和英文分词不同，究其根本，是因为语言表达习惯不同。在英文表达的一句话中，所有的词语之间有空格分隔，根据空格我们就可以把单词分开。而中文表达的一句话中并没有空格，为了更好地根据词语理解句子的含义，就需要分词。

分词是中文自然语言处理的基础。没有中文分词，语言就很难被量化，进而很难运用数学的知识去解决问题。因此，中文分词是具有重要的研究价值与意义的。

中文分词的算法大致可分为两类。

（1）基于词典的分词算法

基于词典的分词算法是指按照一定的策略将待分析的汉字串与一个"大机器词典"中的词条进行匹配，若在词典中找到某个字符串，则匹配成功，得到一个词语作为分词结果。按照扫描汉字串的方向不同，可以分为正向匹配和逆向匹配；按照切分字符串的长度不同，可以分为最大匹配和最小匹配。

基于词典的中文分词算法在分词的过程中有三个基本原则：

一是颗粒度越大越好。颗粒度越大越好是因为用于语义分析的文本分词，分词结果的颗粒度越大，说明单词的字数越多，其所能表达的含义越确切，比如"公安局长"

的分词有可能是"公安/局长""公安局/长"或者"公安局长",这些分词结果从一些角度来讲都是对的,但如果从语义角度分析,颗粒度最大的"公安局长"这个分词结果是最好的。

二是"非词典词"和"单字字典词"越少越好。"非词典词"是指不包含在词典中的单字,"单字字典词"是指包含在词典中的单字,这个单字往往是可以独立运用的,比如"的""了""和""你""我""他"等。在选择分词结果时,一般倾向"非词典词"越少越好,这是因为非词典词往往都是不具有独立含义,不能够单独成词的,比如"技术和服务"的分词结果有可能是"技术/和服/务"或者"技术/和/服务",其中"务"字无法独立成词,"和"字可以独立成词,也就是"技术/和服/务"的分词结果中有1个非词典词,"技术/和/服务"的分词结果有0个非词典词,从语义角度分析,我们选择拥有更少非词典词的"技术/和/服务"作为分词结果。

三是总体词数越少越好。在相同字数的情况下,总词数越少,说明语义单元越少,那么相对的单个语义单元的权重会越大,因此分词的准确性会越高。

根据上述中文分词的三个基本原则,我们得出最大匹配算法是比较好的。最大匹配是指以词典为依据,在文本中取词典中最长单词的长度为扫描串,在词典中进行扫描。为了提高扫描的效率,可以根据字数多少设计多个字典,比如7字词典、4字词典等,然后根据字数分别从不同字典中进行扫描。比如,词典中最长词为"中华人民共和国",共7个汉字,则最大匹配起始字数为7个汉字,然后逐字递减,在对应的词典中进行查找。

根据扫描方向的不同,又将最大匹配算法分为正向最大匹配算法、逆向最大匹配算法和双向最大匹配算法。

1)正向最大匹配算法。正向最大匹配算法是指对于输入的一段文本,从左至右取待切分句子中的 m 个字符作为匹配字段,其中 m 为词典中最长词条字数。

算法步骤为:

第一步,从一个字符串的开始位置,选择一个 m 个字符的词长片段,如果序列不足 m,则选择全部序列;

第二步,判断该片段是否在词典中。如果是,则将其切分为一个词;如果不是,则从右边开始,减少一个字符,判断剩下的片段是否在词典中,依次循环,直到切分完毕。

简单来说,就是从左到右将待分词文本中的几个连续字符与词表匹配,如果匹配上,则切分出一个词。但这里有一个问题,那就是要做到最大匹配,并不是第一次匹配到就可以切分的。比如,对句子"我毕业于北京理工大学"进行划分词语的步骤如图5-9所示,从词"我"开始,选择全部序列"我毕业于北京理工大学",判断它是不是一个词,查询词表后发现这不是一个词,那么减少一个字符"学",再判断"我毕业于北京理工大"是否为一个词,查询词表后发现这也不是一个词,那么再减少一个字符"大",判断"我毕业于北京理工"是否为一个词,依次循环,直到剩余最后一个字符"我",判定它为一个词。这时,再判断剩余的序列"毕业于北京理工大学"是否为一个词,如果不是一个词,那么减少右侧的一个字符,直到能够在词表中找到"最大匹配"的词"毕业"。同理,可以得到分词结果"我""毕业""于""北京理工大学"。

0	1	2	3	4	5	6	7	8	9
我	毕	业	于	北	京	理	工	大	学

pos	remain characters	start character	max matching
0	我毕业于北京理工大学	我	我
1	毕业于北京理工大学	毕	毕业
3	于北京理工大学	于	于
4	北京理工大学	北	北京理工大学

图5-9 正向最大匹配算法举例

2)逆向最大匹配算法。逆向最大匹配算法的基本原理与正向最大匹配算法类似,只是分词时划分词语的顺序变为从右至左。比如,对句子"我毕业于北京理工大学"进行划分词语的步骤如图5-10所示。分词时,先判断"我毕业于北京理工大学"是否为一个词,查询词表后发现不是一个词,那么去掉最左侧的一个字符,判断"毕业于北京理工大学"是否为一个词,依次循环,就会最先得到词语"北京理工大学";再判断剩余的序列"我毕业于",是否为一个词,发现不是一个词后,去掉最左侧字符"我",判断"毕业于"是否为一个词,依次循环,得到词"于"。同理,可以得出分词结果"北京理工大学""于""毕业""我"。

0	1	2	3	4	5	6	7	8	9
我	毕	业	于	北	京	理	工	大	学

pos	remain characters	start character	max matching
4	我毕业于北京理工大学	北	北京理工大学
3	我毕业于	于	于
1	我毕业	毕	毕业
0	我	我	我

图5-10 逆向最大匹配算法举例

3)双向最大匹配算法。虽然在句子"我毕业于北京理工大学"这个例子中,正向最大匹配算法和逆向最大匹配算法的分词结果相同,但有时正向最大匹配算法和逆向最大匹配算法在面临有交叉歧义的词时,不具有较好的处理能力,分词的结果也不一样。比如"结婚的和尚未结婚的",利用正向最大匹配算法得到的分词结果是"结婚/的/和尚/未/结婚/的",而利用逆向最大匹配算法得到的分词结果则是"结婚/的/和/

尚未/结婚/的"，这种截然不同的分词结果，代表的含义也大相径庭。再比如"为人民办公益"，利用正向最大匹配算法得到的分词结果是"为人/民办/公益"，而利用逆向最大匹配算法得到的分词结果则是"为/人民/办/公益"，分词结果也不相同。

在1995年，孙茂松和本杰明的研究表明，中文中90%左右的句子用正向最大匹配算法和逆向最大匹配算法得到的结果完全重合且正确，大概9%的句子两种切分方法得到的结果不一致，但其中必有一个是正确的，即歧义检测成功；只有不到1%的句子要么正向最大匹配算法和逆向最大匹配法的切分虽然重合却是错误的，要么正向最大匹配算法和逆向最大匹配法切分不同但两个都不对，即歧义检测失败。由此，双向最大匹配算法诞生了，并在中文信息处理系统中得以广泛使用。双向最大匹配算法是将正向最大匹配算法得到的分词结果，和逆向最大匹配算法得到的结果进行比较，从而决定正确的分词。

双向最大匹配算法中运用了启发式规则，即基于单词的颗粒度越大，所能表示的含义越确切。从而得出，如果正逆向分词结果词数不同，则取分词数量较少的那个；如果分词结果词数相同且分词结果相同，则说明没有歧义，可返回任意一个结果；如果分词结果词数相同且分词结果不同，返回其中"非词典词"和"单字字典词"较少的结果。

比如，句子"我们在野生动物园玩"，使用正向最大匹配算法的分词结果是"我们/在野/生动/物/园/玩"，分词结果中两字词3个，单字字典词为2个，非词典词为1个；使用逆向最大匹配算法的分词结果是"我们/在/野生动物园/玩"，其中，五字词1个，两字词1个，单字字典词为2个，非词典词为0个。针对分词结果进行统计：从总词数的角度出发，正向最大匹配算法的6个词大于逆向最大匹配算法的4个词；从非词典词的角度出发，正向最大匹配算法的1个非词典词大于逆向最大匹配算法的0个非词典词；从单字字典词的角度出发，正向最大匹配算法的2个词等于逆向最大匹配算法的2个词。基于双向最大匹配算法的启发式规则，采用逆向最大匹配算法的分词结果作为最终的分词结果。

（2）基于统计模型的分词算法

基于统计模型的分词算法的主要思想是，在上下文中相邻的字同时出现的次数越多，那么认为它们构成一个词的可能性越大。也就是说，该算法认为字与字相邻出现的概率或频率能较好地反映词的可信度。该算法的优点是适用于系统自动识别新词，缺点是对常用词的识别精度差。

2. 自然语言处理应用技术

接下来，简述几种自然语言处理的应用技术。

(1) 信息检索

信息检索（Information Retrieval）起源于图书馆的资料查询和文摘索引。计算机诞生后，信息检索的内容已经从文本检索，扩大到图片、音频、视频等各种信息的检索。信息检索通常会包含一个查询，即表述需求的查询字段和一份由系统回复的、包含所需要信息的文档列表。搜索引擎是最常见、规模最大的信息检索系统，比较常见的有Google、必应、百度等。

信息检索通过爬虫不断抓取、存储、更新互联网中的网页内容，再为它们建立与字典类似的索引目录。用户在键入关键词时，就会通过关键词在这些网页中出现的次数和位置，来判断页面与查询的相关性，并将它们由高到低排列起来。这说起来好像简单，但理解用户的查询，清除重复或低质量的页面，建立高效的索引，每一项都不简单。建立一个好用的搜索引擎，往往需要分词、信息抽取、文本分类等各种各样的自然语言处理技术作为支撑，小小的一个搜索框背后，凝聚着人类最顶尖的智慧。

(2) 机器翻译

机器翻译（Machine Translation），又叫自动翻译，是指利用计算机将一种自然语言转换为另一种自然语言的过程。作为比人工智能这个词诞生得还早的自然语言处理任务，机器翻译经历了漫长的发展过程，大致可以分为三个阶段。

第一个阶段是基于规则的翻译方法。与人类类似，这种方法会先分析句子中单词的词性，将每个词翻译成目标语言，再根据语法规则等进行调整，输出结果。可想而知，这种翻译方法效果并不好，因为语言表达的方法非常灵活，有限的语法和规则无法覆盖所有的语言现象。

第二个阶段是基于统计的翻译方法。根据词或短语找到所有可能的结果，再在庞大的语料库中进行搜索，统计每种结果出现的概率，将概率最高的结果进行输出。这种方法较规则方法效果有很大提升，不过对语料库的依赖较大。

第三个阶段是基于神经网络的翻译方法。通过学习大量平行语料库让神经网络自己学习语言的特征，找到输入和输出的关系，端到端地输出翻译结果，取得了不错的效果。

但是这些方法并不是非此即彼的。比如在平行语料较少的语言之间，用统计方法效果比较好；若没多少语料，就要靠中间语言进行转换；有些约定俗成的成语或短语，用基于实例的翻译方法能更好地解决。

(3) 情感分析

情感分析（Sentiment Analysis），其目的是对文本的感情色彩进行处理和归纳，这项任务又被称为情感挖掘（Sentiment Mining）、意见抽取（Opinion Extraction）等。

最基础的判断一段文字的情感倾向的方法是基于情感词典判断。情感词典中包含停顿词、正面评价词、负面评价词、程度词、否定词等，将句子拆分成最小的词语，并将它们与词典对照计算情感分，就能得到情感倾向性。虽然这种方法准确率很高，但构建一份全面、准确的情感词典并不容易，人们因此引入了更高效的机器学习方法。通过输入大量带有标注的评价数据，机器就能自动获取这些评价的特征，为新的评价输出情感倾向。而电商，如亚马逊、天猫、京东等，他们都是最天然的评价数据来源，不仅数量多，系统还为这些评价自动打上了标签。由于能了解商品的情况和人们的看法，电商是情感分析应用最多的领域。除此之外，在判断舆论风向、评价影视作品等方面，情感分析也有广泛应用。除了情感倾向，人们还在尝试进行更细致的细粒度情感分析，或者结合面部表情及声音，对视频中的人物进行情感分析。

(4) 社会计算

社会计算（Social Computing）的概念首次提出于1994年。这个概念包含两部分：一是社会的计算化，即随着互联网的发展，人们在网络上留下海量且相关的数据足迹，使得过去难以追踪的社会活动，变得可以量化和计算；二是计算的社会化，即每个人都可以通过互联网参与信息的计算过程，人们可以搜索信息、贡献信息，也可以利用网络互相启发、竞争合作。

一般来说，社会计算的信息来源包括即时通信网络、在线社交网络、微博、博客等各类网络及应用，再依托于信息抽取、文本挖掘、舆情分析、情感计算等自然语言处理技术，处理这些平台中的信息。人们可以对社会建模，重现社会场景，进行社会学研究，寻找人类社会的活动特征；也可以利用真实的社会模型进行社会实验，预测社会现象及其后果，甚至干脆将社交网络作为研究对象，分析它的结构，构建人物节点图谱、挖掘社群，或者对社交网络上的群体行为、感情作研究和分析。

【任务实践】

任务一　提取英文文本的词频

任务描述

给定一篇英文小说 *Hamlet*，统计小说中单词出现的频次，并输出词频最高的10个词和词频。

技术引进

(1) 读取文本

要打开文件，可以使用 open 函数，文件名是 open 函数唯一必不可少的参数，调用 open 函数后，将返回一个文件对象。如果当前目录有一个名为 somefile.txt 的文本文件，则可以这样打开：

```
f = open('somefile.txt')
```

open 函数的第二个参数是模式（mode），调用 open 函数时，如果只指定文件名，将获取一个可读取的文件对象。如果要写入文件，必须指定模式。open 函数 mode 参数的常见取值如图 5-11 所示。

值	描述
'r'	读取模式（默认） 读取文件内容
'w'	写入模式 能够写入文件，文件不存在时创建它，文件存在时将原有内容删除
'x'	独占写入模式 在文件已存在时引发 FileExistsError 异常
'a'	追加模式 在已有文件末尾继续写入
'b'	二进制模式（与其他模式结合使用）
't'	文本模式（默认值，与其他模式结合使用）
'+'	读写模式（与其他模式结合使用） 可与其他任何模式结合使用，表示即可读取也可写入

图 5-11　open 函数 mode 参数的常见取值

在得到 open 函数返回的文件对象后，可以用 write 方法来写入数据，用 read 方法来读取数据。例如，采用写入模式打开文本文件 somefile.txt，调用函数 write 写入内容"Hello，World！"，如图 5-12 所示。

再利用函数 read 读取文本内容，如图 5-13 所示。

```
>>> f = open('somefile.txt', 'w')
>>> f.write('Hello, ')
7
>>> f.write('World!')
6
>>> f.close()
```

图 5-12　函数 write 举例

```
>>> f = open('somefile.txt', 'r')
>>> f.read(4)
'Hell'
>>> f.read()
'o, World!'
```

图 5-13　函数 read 举例

（2）文本预处理

任务需要统计词语的词频，因此我们先来看一下文本的内容举例，如图 5-14 所示。

```
FRANCISCO
I think I hear them. Stand, ho! Who's there?
Enter HORATIO and MARCELLUS
```

图 5-14　Hamlet 内容举例

从图 5-14 中可以看出，在整篇文章中存在大量的标点符号，而这些符号是没有语义的，统计符号出现的频次对于统计词频是没有意义的，因此需要将文本内容中的特殊符号都去掉。

特殊符号包括"!"#$%&()* +,-./:;< = >?@[\\]^_`{|}~",遍历文本,采用字符串替换函数 replace,将特殊符号替换成字符空格。

任务实施

创建 Python 文件 HamletV1.py,定义函数 getText 读取文本,对文本进行预处理;在主程序中用空格对文本进行分隔,得到所有单词,再逐个遍历单词,统计单词出现的频次;最后输出词频最大的前 10 个单词。

```python
def getText():
    txt = open("hamlet.txt", "r").read();
    txt = txt.lower()
    for ch in '!"#$%&()* +,-./:;< = >? @ [\\]^_`{|} ~':
        txt = txt.replace(ch, "")
    return txt

hamletTxt = getText()
words = hamletTxt.split()
counts = {}
for word in words:
    counts[word] = counts.get(word, 0) +1
items = list(counts.items())
items.sort(key = lambda x:x[1], reverse = True)

for i in range(10):
    word, count = items[i]
    print("{0:10}{1:5}".format(word, count))
```

运行结果如图 5-15 所示。

从图 5-15 所示的运行结果,我们可以看到,出现频次最高的是"the",共出现 1138 次,然后依次是出现 965 次的"and",出现 754 次的"to",出现 669 次的"of",而这些单词都是介词或者连词,也就是说,这些出现频次较高的单词在整篇文章中并没有指代一些具体的实物或者有特定的意义。在 Hamlet 小说中词频排名前 10 的单词中,只有 hamlet 是实体,他也表明了整本小说核心人物的名字。

```
HamletV1.py =
the         1138
and          965
to           754
of           669
you          550
i            542
a            542
my           514
hamlet       462
in           436
```

图 5-15 提取英文文本词频的运行结果

新手试练:提取中文文本的词频

给定一篇中文小说《三国演义》,统计小说中单词出现的频次,并输出词频最高的 15 个词和词频。

中文文本的分词和英文文本的分词不同，引入 Python 第三方库 Jieba 库帮助完成中文文本的分词。

Jieba 库是优秀的中文分词的 Python 第三方库，利用 Jieba 库即可得到中文文本中的每个词。值得注意的是，Jieba 库需要额外安装，和其他 Python 的第三方库安装方式相同，对于安装在本地的 Python，打开 cmd 命令行，输入命令 pip install jieba 即可完成安装，如图 5－16 所示。

```
C:\Users\bobo>pip install jieba
Collecting jieba
  Downloading jieba-0.42.1.tar.gz (19.2 MB)
     |████████████████████████████████| 19.2 MB 2.2 MB/s
Using legacy 'setup.py install' for jieba, since package 'wheel' is
not installed.
Installing collected packages: jieba
    Running setup.py install for jieba ... done
Successfully installed jieba-0.42.1
WARNING: You are using pip version 21.1.3; however, version 21.3 is
available.
You should consider upgrading via the 'c:\users\bobo\appdata\local\p
rograms\python\python39\python.exe -m pip install --upgrade pip' com
mand.
```

图 5－16　Jieba 库安装步骤

Jieba 分词通过中文词库来确定汉字之间的关联概率，词组由汉字间关联概率大的字构成，并形成最终的分词结果。当然，除了依靠 Jieba 库提供的中文词库，用户还可以根据自己的需求，添加自定义的词组。

Jieba 分词提供三种模式进行分词：第一种，精确模式，即把文本精确的切分开，不存在冗余的单词；第二种，全模式，即把文本中所有可能的词语都扫描出来，有冗余词语的出现；第三种，搜索引擎模式，即在精确模式的基础上，再对长词进行二次切分。看似拥有三种模式操作起来比较复杂，但实际上，Jieba 库是十分容易上手的，针对不同的模式，只需要调用相应的函数即可，如图 5－17 所示。

函 数	描 述
jieba.lcut(s)	精确模式，返回一个列表类型的分词结果 **>>jieba.lcut(**"中国是一个伟大的国家"**)** 【'中国' '是' '一个' '伟大' '的' '国家'】
jieba.lcut(s, cut_all=True)	全模式，返回一个列表类型的分词结果，存在冗余 **>>jieba.lcut(**"中国是一个伟大的国家"**,cut_all=True)** 【'中国' '国是' '一个' '伟大' '的' '国家'】
jieba.lcut_for_search(s)	搜索引擎模式，返回一个列表类型的分词结果，存在冗余 **>>>jieba.lcut_for_search(**“中华人民共和国是伟大的”**)** 【'中华' '华人' '人民' '共和' '共和国' '中华人民共和国' '是' '伟大' '的'】

图 5－17　Jieba 库三种分词模式举例说明

引入 Jieba 库，打开文本文件，使用 Jieba 库的精确模式进行分词，对每个词语进行频次统计，统计完成后输出频次最高的 15 个词和相应词频。

```
import jieba
txt = open("threekingdoms.txt", "r", encoding ='utf-8').read()
words = jieba.lcut(txt)
counts = {}
for word in words:
    if len(word) == 1:
        continue
    else:
        counts[word] = counts.get(word, 0) + 1
items = list(counts.items())
items.sort(key = lambda x:x[1], reverse = True)

for i in range(15):
    word, count = items[i]
    print("{0:<10}{1:>5}".format(word,count))
```

运行结果如图 5-18 所示。

```
====
Building prefix dict from the default dictionary ...
Dumping model to file cache C:\Users\bobo\AppData\Local\Temp\jieba.cache
Loading model cost 0.452 seconds.
Prefix dict has been built successfully.
曹操          953
孔明          836
将军          772
却说          656
玄德          585
关公          510
丞相          491
二人          469
不可          440
荆州          425
玄德曰         390
孔明曰         390
不能          384
如此          378
张飞          358
```

图 5-18　提取中文文本词频的运行结果

从图 5-18 所示的运行结果得出，出现频次最高的 15 个词分别是"曹操""孔明""将军""却说""玄德"等，这里的频次可以说明某位人物出场的次数，同时也从某个角度说明该位人物在小说中的地位。但有个问题是，曹操还有其他的称呼，比如"孟德"，那么"曹操"和"孟德"出现的频次是否可以一起统计呢？这就需要从统计词频的目的出发了。假设你是为了统计某位人物的出场次数，那么就可以改进你的程序，当出现"曹操"或者"孟德"时，都为"曹操"计数加1。

任务二　中文文本情感分析

任务描述

给定评论训练语料 data1.csv（如图 5-19 所示），采用贝叶斯模型对评论文本进行情感分析，即计算评论文本的情感倾向性。

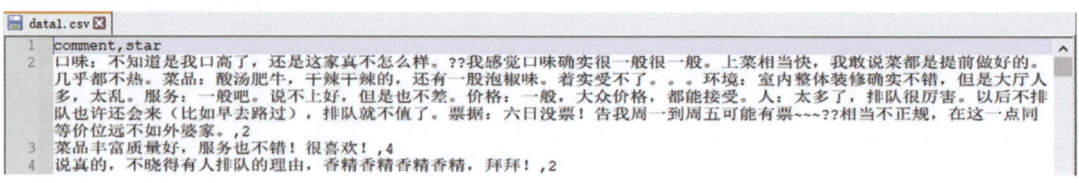

图 5-19　评论文本 data1.csv 举例

技术引进

（1）读取 csv 文本文件

csv 文件读取比较常用的方法是使用 Python 第三方库 pandas，和其他 Python 的第三方库安装方式相同，对于安装在本地的 Python，打开 cmd 命令行，输入命令 pip install pandas 即可完成安装，如图 5-20 所示。

图 5-20　安装第三方库 pandas

使用 pandas 读取数据文件的步骤如下：

首先导入 Python 第三方库 pandas：

```
import pandas as pd
```

然后调用 pandas 库中的 read_csv 函数读取文件名为 data1. csv 的文本内容：

```
data = pd.read_csv('data1.csv')
```

（2） 文本预处理

一般在中文文本预处理时会去除不具有语义的符号，同时也会去除一些中文的连词等不具有语义的词语，比如“至于”“之所以”等。在文本分析过程中，将这些符号和词语总结构成一个文本，我们称之为停用词表。停用词表有很多的版本，各自有各自的特点。其中哈工大停用词表是比较通用、权威的停用词表，如图 5 - 21 所示。本任务采用哈工大停用词表对文本进行预处理。

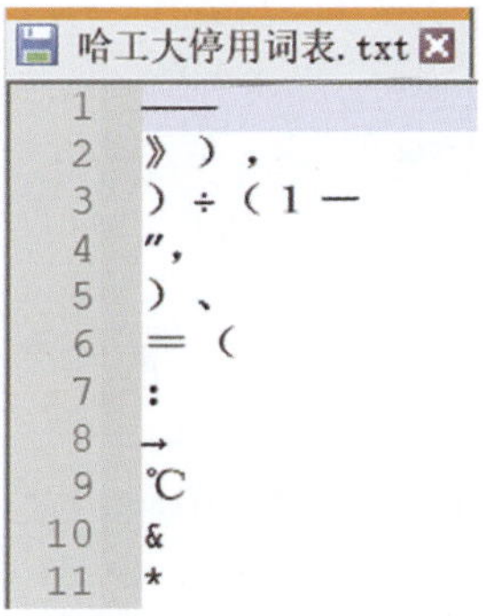

图 5 - 21 哈工大停用词表举例

（3） Python 第三方库 scikit-learn

scikit-learn 是针对 Python 编程语言的免费机器学习库，它具有各种分类、回归和聚类算法，包括支持向量机、随机森林、梯度提升、k 均值等模型，旨在与 Python 数值科学库 NumPy 和 SciPy 联合使用。

scikit-learn 和其他 Python 的第三方库安装方式相同，对于安装在本地的 Python，打开 cmd 命令行，输入命令 pip install scikit - learn 即可完成安装，如图 5 - 22 所示。

```
C:\Users\bobo>pip install scikit-learn
Collecting scikit-learn
  Downloading scikit_learn-1.0-cp39-cp39-win_amd64.whl (7.2 MB)
     |████████████████████████████████| 7.2 MB 1.3 MB/s
Collecting joblib>=0.11
  Downloading joblib-1.1.0-py2.py3-none-any.whl (306 kB)
     |████████████████████████████████| 306 kB 6.4 MB/s
Requirement already satisfied: numpy>=1.14.6 in c:\users\bobo\appdata\local\programs\py
thon\python39\lib\site-packages (from scikit-learn) (1.21.2)
Collecting scipy>=1.1.0
  Downloading scipy-1.7.1-cp39-cp39-win_amd64.whl (33.8 MB)
     |████████████████████████████████| 33.8 MB 1.1 MB/s
Collecting threadpoolctl>=2.0.0
  Downloading threadpoolctl-3.0.0-py3-none-any.whl (14 kB)
Installing collected packages: threadpoolctl, scipy, joblib, scikit-learn
Successfully installed joblib-1.1.0 scikit-learn-1.0 scipy-1.7.1 threadpoolctl-3.0.0
```

图 5 - 22 安装第三方库 scikit-learn

本任务中将会用到 scikit-learn 库中的 naive_ bayes 模型，对文本数据进行情感分析。

任务实施

导入 Python 第三方库 numpy 和 pandas，读取语料 data1. csv，同时根据语料中每一条评论的分数设定每一条评论的情感倾向性，如果分数（star）大于 3，则认为情感倾向性为正向，标记为1，反之，标记为0。完成上述操作后，输出此时的评论语料、分数、情感倾向性的例子。

```python
import numpy as np
import pandas as pd
data = pd.read_csv('data1.csv')
def make_label(star):
    if star > 3:
        return 1
    else:
        return 0
data['sentiment'] = data.star.apply(make_label)
print(data.head())
```

导入Python第三方库Jieba分词库，使用Jieba库对评论语料进行分词处理。

```python
import jieba
def chinese_word_cut(mytext):
    return "".join(jieba.cut(mytext))
data['cut_comment'] = data.comment.apply(chinese_word_cut)
X = data['cut_comment']
Y = data.sentiment
```

使用Python第三方库sklearn中model_selection对语料进行划分训练集和测试集。

```python
from sklearn.model_selection import train_test_split
X_train, X_test, Y_train, Y_test = train_test_split(X, Y, test_size=0.2, random_state=22)
```

使用Python第三方库sklearn中的feature_extraction.text构建评论文本的词矢量，其中所有词语需要经过哈工大停用词表的筛选。

```python
from sklearn.feature_extraction.text import CountVectorizer
def get_custom_stopwords(stop_words_file):
    with open(stop_words_file) as f:
        stopwords = f.read()
    stopwords_list = stopwords.split('\n')
    custom_stopwords_list = [i for i in stopwords_list]
    return custom_stopwords_list
stop_words_file = '哈工大停用词表.txt'
stopwords = get_custom_stopwords(stop_words_file)
```

```
vect = CountVectorizer(max_df = 0.8,
                       min_df = 3,
                       token_pattern = u'(?u)\\b[^\\d\\W]\\w+\\b',
                       stop_words = frozenset(stopwords))
test = pd.DataFrame(vect.fit_transform(X_train).toarray(), columns =
vect.get_feature_names())
    print(test.head())
```

使用 Python 第三方库 sklearn 中的 naive_bayes 建立模型，使用 fit 函数训练模型，并输出模型在测试集中的表现，比如准确率。

```
from sklearn.naive_bayes import MultinomialNB
nb = MultinomialNB()
X_train_vect = vect.fit_transform(X_train)
nb.fit(X_train_vect, Y_train)
train_score = nb.score(X_train_vect, Y_train)
print(train_score)
X_test_vect = vect.transform(X_test)
print(nb.score(X_test_vect, Y_test))
```

对语料 X 进行预测，并将预测结果和文本一起输出显示。

```
X_vec = vect.transform(X)
nb_result = nb.predict(X_vec)
data['nb_result'] = nb_result
print(data.head())
```

设定分数大于 3 的评论数据的情感倾向为正向并标记为 1，反之标记为 0，完成数据处理后，得到如图 5-23 所示的训练语料。

```
                                            comment  star  sentiment
0  口味：不知道是我口高了，还是这家真不怎么样。??我感觉口味确实很一般很一般。上菜相当快，我敢...      2          0
1                              菜品丰富质量好，服务也不错！很喜欢！      4          1
2            说真的，不晓得有人排队的理由，香精香精香精香精，拜拜！      2          0
3  菜量实惠，上菜还算比较快，疙瘩汤喝出了秋日的暖意，烧茄子吃出了大阪烧的味道，想吃土豆片也是口...      5          1
4  先说我算是娜娜家风荷园开业就一直在这里吃??每次出去回来总想吃一回??有时觉得外面的西式简餐...      4          1
```

图 5-23 评论文本、分数、情感倾向性举例

对语料进行分词后，构成的词矢量举例如图 5-24 所示。

采用朴素贝叶斯模型训练、测试数据集，得到针对训练样本进行测试的模型准确率为 89%，针对测试样本进行测试的模型准确率为 82%，同时输出朴素贝叶斯模型对评论数据进行情感倾向性分析后的结果，其中最后一列是朴素贝叶斯模型得出的情感

倾向性结果,具体如图 5-25 所示。

```
   ipad  ok  ps  wifi  一下  一个个  一个半  一个多  ...  麻酱  麻麻  黄瓜  黄盖  黄色  黏糊糊  黑椒  默默
0    0   0   0    0     0     0       0       0    ...   0    0    0    0    0     0     0    0
1    0   0   0    0     0     0       0       0    ...   0    0    0    0    0     0     0    0
2    0   0   0    0     0     0       0       0    ...   0    0    0    0    0     0     0    0
3    0   1   0    0     0     0       0       0    ...   0    0    0    0    0     0     0    0
4    0   0   0    0     0     0       0       0    ...   0    0    0    0    0     0     0    0
```

图 5-24 词矢量举例

```
0.899375
0.8275
                                            comment   ...  nb_result
0    口味:不知道是我口高了,还是这家真不怎么样。??我感觉口味确实很一般很一般。上菜相当快,我敢...  ...     1
1                          菜品丰富质量好,服务也不错!很喜欢!   ...     1
2           说真的,不晓得有人排队的理由,香精香精香精香精,拜拜!   ...     0
3    菜量实惠,上菜还算比较快,疙瘩汤喝出了秋日的暖意,烧茄子吃出了大阪烧的味道,想吃土豆片也是口...  ...     1
4    先说我算是娜娜家风荷园开业就一直在这里吃??每次出去回来总想吃一回??有时觉得外面的西式简餐...  ...     0

[5 rows x 5 columns]
```

图 5-25 朴素贝叶斯模型训练结果举例

新手试练:中文微博文本情感分析

给定中文微博训练语料 weibo.csv(如图 5-26 所示),采用贝叶斯模型对中文微博进行情感分析。

```
weibo.csv
1  label,review
2  1,美~~~~~[爱你]
3  1,梦想有多大,舞台就有多大![鼓掌]
4  1,美丽的天鹅向我们游来。[爱你]
5  1,支持兰老师[鼓掌][鼓掌][鼓掌]
```

图 5-26 微博文本 weibo.csv 举例

其中中文微博语料分为情感极性标签(label)和评论文本(review),情感极性有两类:正向情感用 1 表示,负向情感用 0 表示。使用贝叶斯模型对中文微博进行情感分析的关键代码如下:

```
import pandas as pd
import jieba
from sklearn.model_selection import train_test_split
from sklearn.feature_extraction.text import CountVectorizer
from sklearn.naive_bayes import MultinomialNB
```

```
def chinese_word_cut(mytext):
    return " ".join(jieba.cut(mytext))

def get_custom_stopwords(stop_words_file):
    with open(stop_words_file) as f:
        stopwords = f.read()
    stopwords_list = stopwords.split('\n')
    custom_stopwords_list = [i for i in stopwords_list]
    return custom_stopwords_list

data = pd.read_csv('weibo.csv')
data = data.dropna()

data['data_cut'] = data.review.apply(chinese_word_cut)
stop_words_file = '哈工大停用词表.txt'
stopwords = get_custom_stopwords(stop_words_file)
vect = CountVectorizer(max_df = 0.8,
                       min_df = 3,
                       token_pattern=u'(?u)\\b[^\\d\\W]\\w+\\b',
                       stop_words=frozenset(stopwords))

X = data['data_cut']
Y = data['label']
X_train, X_test, Y_train, Y_test = train_test_split(X, Y, test_size=0.2,
random_state=22)

nb = MultinomialNB()
X_train_vect = vect.fit_transform(X_train)
nb.fit(X_train_vect, Y_train)
train_score = nb.score(X_train_vect, Y_train)
print(train_score)

X_vec = vect.transform(X)
nb_result = nb.predict(X_vec)
data['nb_result'] = nb_result
print(data.head())
```

输出结果如图 5-27 所示。

```
            0.840625
        label ... nb_result
    0       1 ...          1
    1       1 ...          1
    2       1 ...          1
    3       1 ...          1
    4       1 ...          1
```

图 5-27　中文微博文本情感分析运行结果

【单元小结】

1）自然语言处理（Natural Language Processing，NLP）是计算机科学领域和人工智能领域中的一个重要方向，是一门将计算机科学、语言学、数学、认知心理学等学科融合于一体的科学。

2）自然语言处理有着悠久的发展史，大致可以分为：兴起时期、符号主义时期、连接主义时期和深度学习时期四个阶段。

3）自然语言处理中基础的技术共有 4 种：自动分词、命名实体识别、词性标注、句法分析。基于这些基础的自然语言技术，人们就能完成一些可以改变我们生活体验的实用任务，比如信息检索、机器翻译、情感分析、社会计算等。

4）利用 Python 可以读取英文文本，统计文本的词频。

5）利用 Python 可以读取中文文本，并用第三方库 Jieba 对中文文本进行分词，再统计文本的词频。

6）中文文本进行情感分析时，除了需要使用 Jieba 库进行中文分词以外，还需要使用哈工大停用词表进行预处理，使用 scikit-learn 构建词矢量、训练朴素贝叶斯模型。

【单元测试】

一、习题

1. 自然语言处理中基础的技术共有 4 种：（　　　　　）、命名实体识别、词性标注、句法分析。

2. （　　　　　）库是优秀的中文分词的 Python 第三方库。

3. 产品有道属于（　　）自然语言处理的应用技术。

  A. 机器翻译　　　　　　　　B. 情感分析

  C. 问答系统　　　　　　　　D. 社会计算

二、实践

请使用贝叶斯模型训练一个情感分析模型,并对任意评论数据进行情感倾向性分析。

三、应用场景

请用 500 字描述自然语言处理技术的主要应用场景有哪些。

单元六
人工神经网络——让机器足智多谋

【学习目标】

1. 了解人工神经网络的概念和模型。
2. 深入了解人工神经网络的中间层的概念。
3. 掌握简单的神经网络的实现方法。

【学习路线】

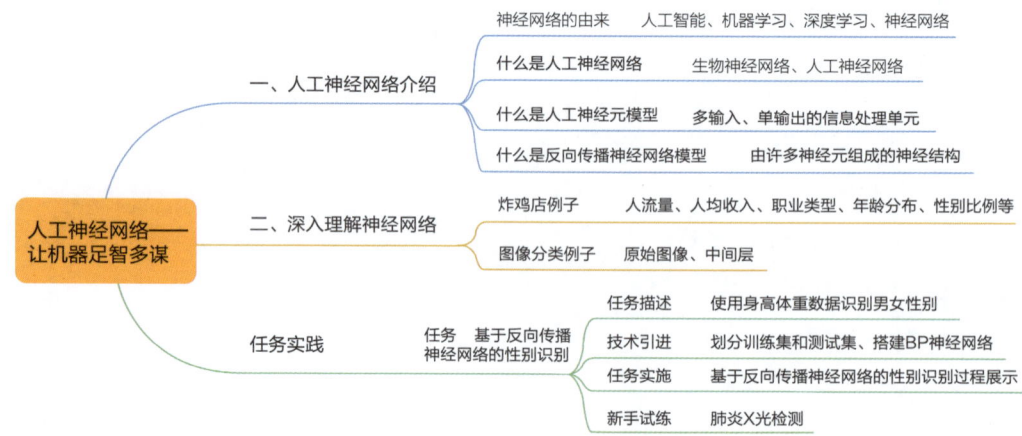

【专业英文词汇】

Artificial Neural Network（ANN）：人工神经网络

Back Propagation Neural Network（BPNN）：反向传播神经网络

Machine Learning（ML）：机器学习

Artificial Intelligence（AI）：人工智能

Deep Neural Network（DNN）：深度神经网络

Deep Learning（DL）：深度学习

单元六　人工神经网络——让机器足智多谋

【知识准备】

一、人工神经网络介绍

1. 神经网络的由来

随着近年人工智能深入到了人们生活中的方方面面，人们在日常生活中已经无法离开各种各样的人工智能应用程序，比如人脸识别、无人驾驶、清扫机器人等。人工智能的有关概念也逐渐被人们所熟知，比如机器学习、深度学习和神经网络等。但是这些概念之间是什么样的关系呢？他们之间有着怎样的区别和联系呢？我们通过神经网络的由来向大家介绍一下人工智能的相关概念。

在 20 世纪 50 年代，科学家首次提出了"人工智能"的概念，探讨了能否制造出一个可以像人类大脑一样思考，拥有人类智慧的机器。随后，科学家们提出了"机器学习"的概念，即研究如何让机器从历史数据中学习规律，并使用规律解决新问题。随着研究的不断深入，人们发现这种"传统"的机器学习算法在很多问题上效果不佳，无法实现真正的"智能"。

直到 2006 年，加拿大多伦多大学教授杰弗里·辛顿对传统的神经网络算法进行了优化，在此基础上提出了深度神经网络的概念，并将学术论文发表在顶尖杂志 *Science* 上。由此，掀起了深度学习的研究热潮。在 2012 年，杰弗里·辛顿的课题组在参加知名的 *ImageNet* 图像识别大赛中所构建的深度神经网络 AlexNet 的性能超越了传统的机器学习——支持向量机方法，一举夺魁。由此，深度学习算法引起了工业界的注意，并被迅速地引入到实际应用中。目前，我们实际生活中使用的大部分人工智能的算法，都是基于深度学习的算法。

人工神经网络的研究则有着另外的一条时间脉络，最早的研究可以追溯到 20 世纪 40 年代。1943 年，心理学家沃伦·麦卡洛克和数学家沃尔特·皮茨合作建立了神经网络和数学模型。这一模型一般被简称为 M-P 神经网络模型，至今仍在应用。可以说，人工神经网络的研究时代就此开始。

1949 年，心理学家唐纳德·赫布提出神经系统的学习规则，为神经网络的学习算法奠定了基础。现在，这个规则被称为赫布规则，许多人工神经网络的学习还遵循这一规则。

1957 年，罗森勃拉特提出"感知器"（Perceptron）模型，第一次把神经网络的研究从纯理论的探讨付诸于工程实践中，掀起了人工神经网络研究的第一次高潮。

20 世纪 60 年代以后，数字计算机的发展进入全盛时期，人们误以为数字计算机可以解决人工智能、专家系统、模式识别问题，而放松了对"感知器"的研究。由此，从 20 世纪 60 年代末期起，人工神经网络的研究进入了低潮。

1982年，美国加州理工学院物理学家霍普菲尔德提出了离散的神经网络模型，标志着神经网络的研究再次进入了高潮。1984年，霍普菲尔德又提出了连续神经网络模型，开拓了计算机应用神经网络的新途径。

1986年，鲁姆哈特和麦克莱兰提出多层网络的误差反传（Back Propagation）学习算法，简称BP算法。BP算法是目前最为重要、应用最广的人工神经网络算法之一。

如果要研究深度学习，就必须了解人工神经网络，因为深度学习是基于神经网络算法构建起来的。而人工智能、机器学习、深度学习和神经网络这几个概念之间的关系可以用图6-1的关系图进行简单的概括。

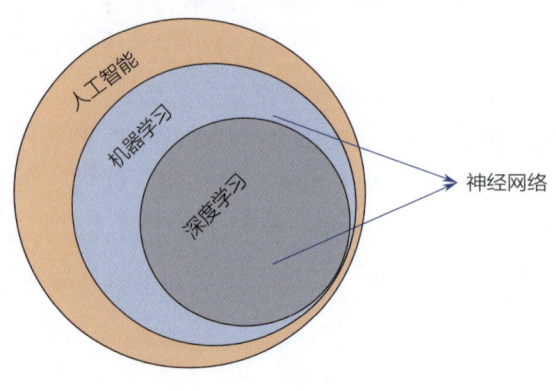

图6-1　人工智能概念关系图

2. 什么是人工神经网络

人工神经网络是由大量具有适应性的处理元素——神经元，组成的广泛并行的互联网络，它的组织能够模拟生物神经系统对真实世界物体所作出的交互反应，是人工智能模拟的一条重要途径。科学家们使用人工神经网络是受到生物神经网络的启发，生物神经网络的组成部分生物神经元如图6-2所示。

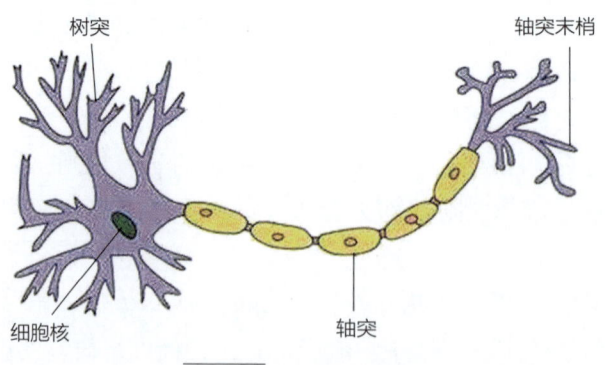

图6-2　生物神经元

生物神经网络是一个将我们的感官和反射器联系在一起的系统，整个生物神经网络是由众多的神经元连接构成的，其中有多达约900亿神经细胞。这个庞大的神经网络系统能够使我们完成各种任务，处理各种复杂问题。

但是，这个生物神经网络是如何产生智能、如何处理问题的呢？我们举一个例子来说明，比如用一个婴儿吃糖果的例子来说明婴儿是如何辨别糖果的。假如有一个婴儿一开始并不知道什么是糖果，现在在他面前的桌子上有三样物品，分别是遥控器、糖果和扑克，我们从桌子上拿一块糖果给婴儿吃，婴儿吃过之后觉得很甜很好吃，婴儿大脑中的生物神经元因此记住了糖果的味道、颜色和形状，下一次再面对桌子上的三个物品时，婴儿就能够识别哪一样是糖果了。也就是说通过这样的一个反馈过程，婴儿大脑中的生物神经元就能够识别什么是糖果了。

人工神经网络的识别过程和婴儿辨别糖果的过程类似。我们可以将人工神经网络看作是一个能分辨物体的智能黑盒子。例如，我们希望这个神经网络能够正确地识别猫和狗，那么我们通过不断地训练，不断地给这个黑盒子不同的图片，同时给出正确的反馈结果，如图片1是猫、图片2是狗等，最终使这个人工神经网络的黑盒子能够正确地识别出猫和狗的图片。

现在，我们将生物神经网络和人工神经网络做一个简单的比较，它们有着各自的特点。生物神经网络的特点是：

1）神经连接通常是一个神经元的轴突与另一个神经元的树突或胞体通过突触进行联系，神经连接可变。

2）神经元接收的信号是触觉信号、味觉信号或听觉信号等。

3）正向的刺激能激发神经细胞产生连接，形成一个庞大的神经网络系统。

相对应地，人工神经网络的特点是：

1）神经网络的连接是固定的。

2）神经元接收的信息是大量已经标注的信息化数据。

3）正向的刺激使得神经网络变成一个数学上更优的模型。

3. 什么是人工神经元模型

神经元是以生物神经系统的神经细胞为基础的生物模型。而人工神经元是神经网络的基本处理单元，它是神经网络的设计基础。在人们对生物神经系统进行研究，以探讨人工智能的机制时，神经元被数学化，从而产生了神经元数学模型。

我们从神经元的特性和功能可以知道，神经元相当于一个多输入、单输出的信息处理单元，而且它对信息的处理是非线性的。

神经元的模型具有以下特点：

1）神经元是一个多输入、单输出的单元。

2）它具有非线性的输入、输出特性。

3）它具有可塑性，反应在新突触的产生和现有神经突触的调整上，其塑性变化的部分主要是权值的变化，也就是生物神经元的突触部分的变化。当神经元处于激发状态时，权值取正值；当神经元处于抑制状态时，权值取负值。

4）神经元的输出与响应与输入值有关。

4. 什么是反向传播神经网络模型

神经网络是由许多神经元互相连接而组成的神经结构。我们将神经元之间的相互作用关系进行数学模型化，就可以得到人工神经网络模型。神经元和神经网络的关系是元素与整体的关系。人工神经网络中的神经元常被称为节点或处理单元，每个节点均有相同的结构，其动作在时间和空间上均同步。人工神经网络有四个基本属性，分别是非线性、非局域性、非常定性和非凸性。

反向传播神经网络，即反向传播神经网络，是一种按误差逆向传播算法训练的多层前馈网络，是目前应用最广泛的网络模型之一。反向传播神经网络能学习和储存大量输入—输出模式的映射关系，而无须提前揭示描述这种映射关系的数学方程。它的学习规则是使用最速下降法，通过后向传播来不断调整网络权值和阈值，使网络的误差平方和最小。反向传播神经网络模型的拓扑结构中除了有输入层、输出层外，还至少有一层隐藏层，每一层的神经元输出均传送到下一层，且每层内神经元之间无连接。

我们可以将反向传播神经网络学习算法的具体步骤归纳如下。

第一步：从训练样本集中取某一样本，把它的输入信息输入到网络中。

第二步：由网络正向计算出各层节点的输出。

第三步：计算网络的实际输出和期望输出的误差。

第四步：从输出层开始反向计算到第一个隐藏层，按一定的原则向减少误差方向调整整个网络的各个连接权值。

第五步：对训练样本集中的每一个样本重复上述步骤，直到整个网络训练样本集的误差达到要求为止。

反向传播神经网络的优点：

1）非线性映射能力。反向传播神经网络实质上实现了一个从输入到输出的映射功能，数学理论证明只要三层的神经网络，就能够以任意精度逼近任何非线性连续函数。

2）自学习和自适应能力。反向传播神经网络在训练时，能够通过学习自动提取输入、输出数据间的"合理规则"，并自适应地将学习内容记忆于网络的权值中。

3）泛化能力。所谓泛化能力是指在设计模式分类器时，既要考虑网络是否能将所需分类对象进行正确分类；还要关心网络在经过训练后，能否对未见过的模式或有噪声污染的模式，进行正确的分类。

4）容错能力。反向传播神经网络的局部或部分的神经元受到破坏并不会对全局的训练结果造成很大的影响，也就是说，即使系统的局部损伤并不影响系统的正常工作。

反向传播神经网络的缺点：

1）局部极小化问题。反向传播神经网络为一种局部搜索的优化方法，它要解决的是一个复杂的非线性问题，这会使算法陷入局部极值，且权值收敛到局部极小点。

2）反向传播神经网络算法的收敛速度慢。由于反向传播神经网络算法本质上为梯度下降法，它所要优化的目标函数是非常复杂的，这使得反向传播算法效率较低。

3）反向传播神经网络结构选择不一。反向传播神经网络结构的选择至今尚无一种统一而完整的理论指导，一般只能由经验选定。

4）反向传播神经网络样本依赖性问题。网络模型的逼近和推广能力与学习样本的典型性密切相关，而从问题中选取典型样本实例组成训练集是一个很困难的过程。

二、深入理解神经网络

1. 炸鸡店例子

我们可以通过一个炸鸡店的例子，感性地理解神经网络模型的概念。比如，我们希望知道开一个炸鸡店是否能够盈利，就需要对一些炸鸡店进行调查，那么我们可以搜集的信息包括：某个炸鸡店附近人群的人流量、人均收入、职业类型、年龄分布、性别比例等，通过这些信息，我们就可以去判断一个炸鸡店是否可以盈利了。但是，这5个特征和最后是否盈利的关系不是很明显，在实际计算中，通常加入一个中间层，对上述的5个特征进行整合。整合出的中间层（隐藏层）特征包括：进店人数、购买炸鸡价格和购买炸鸡种类。整个神经网络模型如图6-3所示。

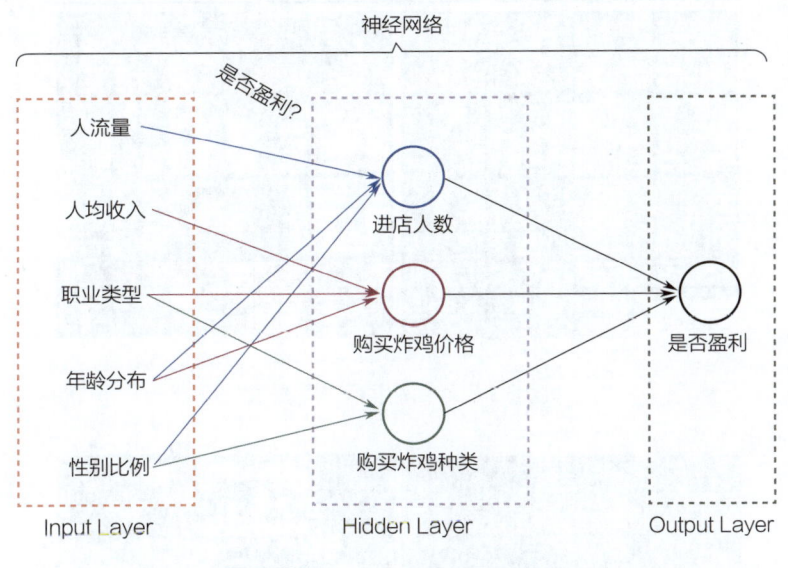

图6-3 炸鸡店的神经网络模型

2. 图像分类例子

中间层，即隐藏层，是神经网络中很重要的一部分，我们以一个用来做图像分类的神经网络来说明中间层的概念。图 6-4 所示的是需要处理的原图数据,即输入到神经网络中的数据,图 6-5 所示的则是神经网络中中间层的第一层,可以看到,中间层的第一层可以将图像的像素整合成一些线段。而第二层如图 6-6 左所示,可以将第一层的线段整合成一些形状,比如圆形、方形等。而到了第三层,如图 6-7 所示,可以将第二层的形状整合成一些局部,比如轮胎的局部、人的局部等。到了第四层,如图 6-8 所示,就可以进一步将第三层的局部整合,得到完整的图像了。第五层,如图 6-9 所示,可以将图像变得更加清晰。

图 6-4　原始输入图像数据

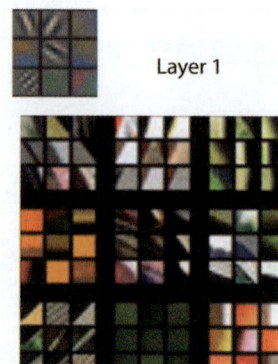

图 6-5　中间层第一层图像

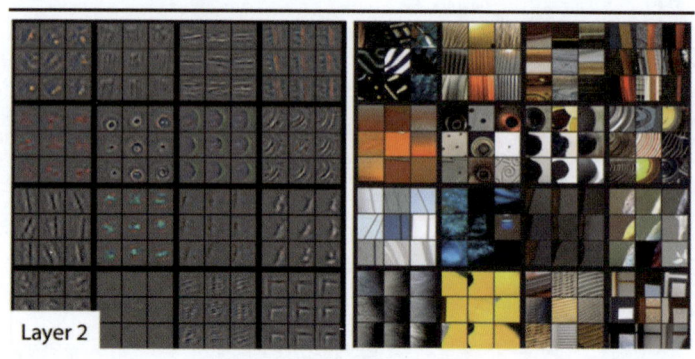

图 6-6　中间层第二层图像

图 6-7　中间层第三层图像

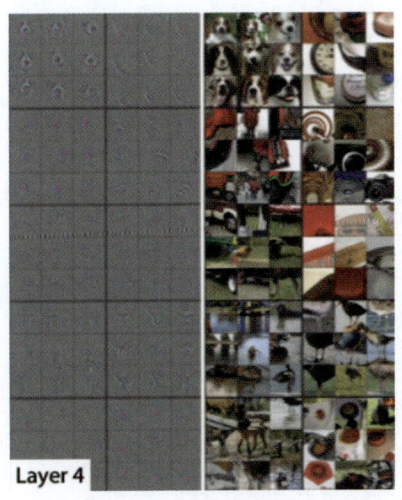

图6-8 中间层第四层图像

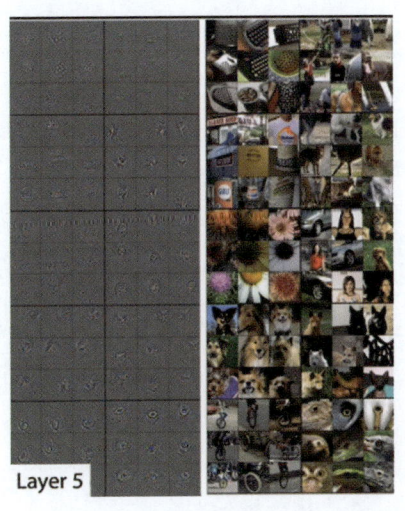

图6-9 中间层第五层图像

【任务实践】

任务 基于反向传播神经网络的性别识别

任务描述

以班级中男女生的身高、体重为输入，经过一定数量的样本训练后，可以用来识别新样本的性别。使用的样本数据中男生172人，女生88人，部分数据如表6-1所示。

表6-1 部分男女生样本数据

学号	性别	身高	体重	学号	性别	身高	体重
111	女	163.4	52.4	121	男	174.2	80.9
112	女	163.4	48	122	男	170.3	83.1
113	男	170.2	69	123	女	166.5	58
114	男	162	59.9	124	女	165.7	47.5
115	女	170.5	55.5	125	女	158.2	47.8
116	女	173.8	55.1	126	男	182.7	93.9
117	女	168.4	68.3	127	男	178.6	81.7
118	男	186.8	68	128	男	159.2	49.2
119	男	181.1	77.8	129	女	163.1	53
120	男	175.7	57.8	130	女	165	53.3

技术引进

使用反向传播神经网络构建模型:随机抽取部分学生的身高和体重作为训练样本(男女生都有),然后训练一个反向传播神经网络,最后将剩下的样本输入网络进行测试,检验反向传播网络的分类性能。

在实现过程中,我们分为 6 个步骤逐步实现。

(1) 导入依赖的包和模块

在实现中,我们需要导入 xlrd 和 xlwt 模块用来读写 excel 文件,导入数值计算的模块 numpy,导入画图模块 matplotlib,导入随机模块 random 以及数学模块 math。

```
import sys
from xlrd import open_workbook # xlrd 用于读取 xls
import xlwt # 用于写入 xls
import numpy as np
import matplotlib.pyplot as plt
import random
import math
```

(2) 设置训练集和测试集

使用 open_workbook 语句打开 excel 文件。

```
workbook = open_workbook(r'D:\Workspace\BPnetwork\student.xls')
```

随后根据 sheet 索引读取 sheet 中的所有内容。表格中存储的样本数据示例见表 6-2。

```
sheet = workbook.sheet_by_index(0)
```

表 6-2 表格中存储的样本数据示例

编号	性别	身高	体重
1	男	174.2	91.9
2	女	156	57.6
3	女	151.7	59.9
4	男	181.5	107.2
5	男	169.1	55.6
6	男	175.6	90.6
7	男	174.3	73
8	男	175.4	67.9
9	男	165.2	72.4
10	男	174.2	84.1

单元六 人工神经网络——让机器足智多谋

导入的数据集中，第一列是编号，第二列是性别，第三列是身高，第四列是体重。在读取的时候，我们直接将第三列和第四列分别存入 height 和 weight 变量中。

```
height = sheet.col_values(2)
weight = sheet.col_values(3)
```

同时，将表头去掉。

```
height.remove(height[0])
weight.remove(weight[0])
```

建立一个新的列表，将性别特征导入；导入时，男性记为 1，女性记为 0。

```
label = np.zeros(len(height))
sex = sheet.col_values(1)
sex.remove(sex[0])
for i in range(0,len(height)):
    if(sex[i] = ='男'):
        label[i] = 1
```

划分训练集和测试集。分别从男女中随机抽取出 30 个样本作为训练样本，其余 200 个样本作为测试样本。首先设置训练样本数量。

```
TRAIN_NUM_M = 30
TRAIN_NUM_F = 30
```

将男性和女性样本分别存入 m_data 和 f_data 中。

```
for i in range(0,len(height)):
    temp = (data[0][i],data[1][i],data[2][i])
    if(data[2][i] = =1):
        m_data.append(temp)
    else:
        f_data.append(temp)
```

使用 shuffle 函数产生随机序列，将序列中前 30 个男性样本作为训练样本存入 traind 和 trainl 中，其余男性样本作为测试样本存入 testd 和 testl 中。

```
NUM_M = len(m_data)
r = [x for x in range(0, NUM_M]
random.shuffle(r)

for i in range(0,NUM_M):
```

```
    if(i < TRAIN_NUM_M):
        traind.append([m_data[r[i]][0],m_data[r[i]][1]])
        trainl.append(m_data[r[i]][2])
    else:
        testd.append([m_data[r[i]][0],m_data[r[i]][1]])
        testl.append(m_data[r[i]][2])
```

对女性样本做同样处理,将 30 个女性样本作为训练样本存入 traind 和 trainl 中,其余女性样本作为测试样本存入 testd 和 testl 中。

```
NUM_F = len(f_data)
r = [x for x in range(0, NUM_F)]
random.shuffle(r)

for i in range(0,NUM_F):
    if(i < TRAIN_NUM_F):
        traind.append([f_data[r[i]][0],f_data[r[i]][1]])
        trainl.append(f_data[r[i]][2])
    else:
        testd.append([f_data[r[i]][0],f_data[r[i]][1]])
        testl.append(f_data[r[i]][2])
```

(3) 搭建反向传播神经网络模型

采用包含一个隐藏层的神经网络,选取包含动量的最速下降法,批量地进行训练。设置训练数量为 60,样本维度为 2,输入矢量维度为 2,输出矢量维度为 1,为了加快训练速度,将隐藏层神经元个数设定为 3。

```
nTrainNum = 60
nSampDim = 2
net_nIn = 2
net_nHidden = 3
net_nOut = 1
```

初始化神经网络权值。

```
w = 2 * (np.random.rand(net_nHidden,net_nIn) -1/2)
b = 2 * (np.random.rand(net_nHidden,1) -1/2)
net_w1 = np.append(w,b,axis = 1)
dwexOld = net_w1
W = 2 * (np.random.rand(net_nOut,net_nHidden) -1/2)
B = 2 * (np.random.rand(net_nOut,1) -1/2)
net_w2 = np.append(W,B,axis = 1)
dWEXOld = net_w2
```

通过计算平均值和标准差对训练数据进行归一化处理，以便于之后的计算，最终得到了归一化的训练数据 traind_s。

```
mm = np.mean(traind,0)
traind_s = traind - mm
ml = np.std(traind_s,0)
traind_s = traind_s/ml
```

(4) 编译模型

分别设置误差容限、学习率、动量因子和最大迭代次数。

```
eb = 0.01              #误差容限
eta = 0.6              #学习率
mc = 0.8               #动量因子
maxiter = 2000         #最大迭代次数
```

分别定义单极性和双极性 S 型激活函数。

```
def logsig(x):
    return 1/(1 + np.exp(-x))
def dlogsig(x):
    return logsig(x)*(1 - logsig(x))
```

(5) 模型训练

进行模型训练。

```
for i in range(1,maxiter +1):
    hid_input = np.dot(net_w1, SampInEx)
    hid_out = logsig(hid_input)
    ou_input1 = np.append(hid_out,np.ones((1,nTrainNum)),axis = 0)
    ou_input2 = np.dot(net_w2,ou_input1)
    out_out = logsig(ou_input2)
    err = expectedOut - out_out              #误差
    sse = np.sum(err**2)
    errRec[0][i-1] = sse;
    filename.write("第 % d 次迭代    误差：% f \n" % (i,sse))
    iteration = iteration + 1
    if (sse < = eb):
        break
DELTA = err * dlogsig(ou_input2)
```

```
delta = np.dot(np.transpose(net_w2[:,0:net_nHidden]), DELTA) * dlogsig(hid_input)
    dWEX = np.dot(DELTA, np.transpose(ou_input1))
    dwex = np.dot(delta, np.transpose(SampInEx))
    if(i==1):
        net_w2 = net_w2 + eta * dWEX
        net_w1 = net_w1 + eta * dwex
    else:
        net_w2 = net_w2 + (1 - mc) * eta * dWEX + mc * dWEXOld
        net_w1 = net_w1 + (1 - mc) * eta * dwex + mc * dwexOld
    dWEXOld = dWEX
    dwexOld = dwex
```

(6) 测试模型的正确率并输出结果

由于训练数据进行了归一化处理，测试数据也要采用相同的参数进行归一化处理。

```
testd_s = testd - mm
testd_s = testd_s/ml
```

计算测试输出。

```
InEx = np.append(np.transpose(testd_s), np.ones((1,NUM_M + NUM_F - nTrainNum)),axis = 0)
hid_input = np.dot(net_w1, InEx)
hid_out = logsig(hid_input)
ou_input1 = np.append(hid_out,\np.ones((1,NUM_M + NUM_F - nTrainNum)),axis = 0)
ou_input2 = np.dot(net_w2,ou_input1)
out_out = logsig(ou_input2)
out_out1 = out_out
```

计算正确率。

```
num = 0
ind = []
for i in range(0,len(out_out[0])):
    if(out_out[0][i]==test1[i]):
        num += 1
    else:
        ind.append(i)
rate = num/len(out_out[0])
```

画出训练样本分布散点图和误差平方和曲线。

```
ax1 = plt.subplot(1,2,1)
ax1.scatter(train_m[0,:],train_m[1,:],c = '#00CED1',label = '男生')
ax1.scatter(train_f[0,:],train_f[1,:],c = '#DC143C',label = '女生')
ax1.set_xlabel('身高/cm')
ax1.set_ylabel('体重/kg')
ax1.set_title('训练样本分布')
ax1.legend()
ax2 = plt.subplot(1,2,2)
nRow = errRec.shape[0]
nCol = errRec.shape[1]
ax2.plot(np.arange(1,nCol +1),errRec[0],label ='误差平方和')
ax2.set_xlabel('迭代次数')
ax2.set_ylabel('误差')
ax2.legend()
```

输出错误分类表，保存在 out.txt 中。

```
filename.write(" ==================错误分类表==============\n")
filename.write("编号    标签    身高    体重\n")
ind = np.array(ind)
```

任务实施

整个任务的代码如下：

```
import sys
from xlrd import open_workbook # xlrd 用于读取 xls
import xlwt   # 用于写入 xls
import numpy as np
import matplotlib.pyplot as plt
import random
import math
workbook = open_workbook(r'D:\Workspace\BPnetwork\student.xls')   # 打开 xls 文件
filename = open(r'D:\Workspace\BPnetwork\out.txt',mode = 'w')
sheet = workbook.sheet_by_index(0)   # 根据 sheet 索引读取 sheet 中的所有内容
height = sheet.col_values(2)
weight = sheet.col_values(3)          # 第三列内容
height.remove(height[0])
weight.remove(weight[0])
```

```python
label = np.zeros(len(height))
sex = sheet.col_values(1)
sex.remove(sex[0])
for i in range(0,len(height)):
    if(sex[i] == '男'):
        label[i] = 1

data = [height, weight, label]
data = np.array(data)

#divide

TRAIN_NUM_M = 30
TRAIN_NUM_F = 30
m_data = []
f_data = []
traind = []
trainl = []
testd = []
testl = []

for i in range(0,len(height)):
    temp = (data[0][i], data[1][i], data[2][i])
    if(data[2][i] == 1):
        m_data.append(temp)
    else:
        f_data.append(temp)

NUM_M = len(m_data)
r = [x for x in range(0, NUM_M)]
random.shuffle(r)

for i in range(0,NUM_M):
    if( i < TRAIN_NUM_M):
        traind.append([m_data[r[i]][0],m_data[r[i]][1]])
        trainl.append(m_data[r[i]][2])
    else:
        testd.append([m_data[r[i]][0],m_data[r[i]][1]])
        testl.append(m_data[r[i]][2])

NUM_F = len(f_data)
```

```python
r = [x for x in range(0, NUM_F)]
random.shuffle(r)

for i in range(0,NUM_F):
    if(i < TRAIN_NUM_F):
        traind.append([f_data[r[i]][0],f_data[r[i]][1]])
        trainl.append(f_data[r[i]][2])
    else:
        testd.append([f_data[r[i]][0],f_data[r[i]][1]])
        testl.append(f_data[r[i]][2])

traind = np.array(traind)
trainl = np.array(trainl)
testd = np.array(testd)
testl = np.array(testl)

nTrainNum = 60
nSampDim = 2
net_nIn = 2
net_nHidden = 3
net_nOut = 1
w = 2*(np.random.rand(net_nHidden,net_nIn)-1/2)
b = 2*(np.random.rand(net_nHidden,1)-1/2)
net_w1 = np.append(w,b,axis = 1)
dwexOld = net_w1
W = 2*(np.random.rand(net_nOut,net_nHidden)-1/2)
B = 2*(np.random.rand(net_nOut,1)-1/2)
net_w2 = np.append(W,B,axis = 1)
dWEXOld = net_w2

mm = np.mean(traind,0)
traind_s = traind - mm
ml = np.std(traind_s,0)
traind_s = traind_s/ml

SampInEx = np.append(np.transpose(traind_s),\
                np.ones((1,nTrainNum)),axis = 0)
expectedOut = trainl
eb = 0.01              #误差容限
eta = 0.6              #学习率
mc = 0.8               #动量因子
```

```python
maxiter = 2000          #最大迭代次数
iteration = 0
errRec = np.zeros((1,maxiter))

outRec = np.zeros((nTrainNum, maxiter))
NET = []

def logsig(x):
    return 1/(1 + np.exp(-x))

def dlogsig(x):
    return logsig(x) * (1 - logsig(x))


for i in range(1,maxiter +1):
    hid_input = np.dot(net_w1, SampInEx)
    hid_out = logsig(hid_input)
    ou_input1 = np.append(hid_out,np.ones((1,nTrainNum)),axis = 0)
    ou_input2 = np.dot(net_w2,ou_input1)
    out_out = logsig(ou_input2)
    err = expectedOut - out_out              #误差
    sse = np.sum(err * *2)
    errRec[0][i -1] = sse;
    filename.write("第 % d 次迭代    误差: % f \n" % (i,sse))
    iteration = iteration + 1
    # 判断是否收敛
    if (sse < = eb):
        break
    # 误差反向传播
    # 隐含层与输出层之间的局部梯度

    DELTA = err * dlogsig(ou_input2)

    #输入层与隐含层之间的局部梯度
    delta = np.dot(np.transpose(net _w2 [:,0:net _nHidden]), DELTA) * dlogsig(hid_input)
    # 权值修改量
    dWEX = np.dot(DELTA, np.transpose(ou_input1))
    dwex = np.dot(delta, np.transpose(SampInEx))

    # 修改权值,如果不是第一次修改,则使用动量因子
```

```
    if(i==1):
        net_w2 = net_w2 + eta * dWEX
        net_w1 = net_w1 + eta * dwex
    else:
        net_w2 = net_w2 + (1 - mc)*eta*dWEX + mc * dWEXOld
        net_w1 = net_w1 + (1 - mc)*eta*dwex + mc * dwexOld
    # 记录上一次的权值修改量
    dWEXOld = dWEX
    dwexOld = dwex

# 测试数据归一化
testd_s = testd - mm
testd_s = testd_s/ml

# 计算测试输出
InEx = np.append(np.transpose(testd_s), np.ones((1, NUM_M + NUM_F - nTrainNum)),axis = 0)
hid_input = np.dot(net_w1, InEx)
hid_out = logsig(hid_input)
ou_input1 = np.append(hid_out, np.ones((1,NUM_M + NUM_F - nTrainNum)),axis = 0)
ou_input2 = np.dot(net_w2,ou_input1)
out_out = logsig(ou_input2)
out_out1 = out_out

# 取整
out_out = np.trunc(out_out + 0.5)

# 正确率
num = 0
ind = []
for i in range(0,len(out_out[0])):
    if(out_out[0][i]==test1[i]):
        num += 1
    else:
        ind.append(i)
rate = num/len(out_out[0])

# 显示训练样本
train_m = []
train_f = []
```

```python
for i in range(0,len(traind)):
    if(train1[i] = =1):
        train_m.append(traind[i])
    else:
        train_f.append(traind[i])

train_m = np.array(train_m)
train_f = np.array(train_f)
train_m = np.transpose(train_m)
train_f = np.transpose(train_f)

plt.rcParams['font.sans-serif'] =['SimHei']
plt.rcParams['axes.unicode_minus'] = False

ax1 = plt.subplot(1,2,1)
ax1.scatter(train_m[0,:],train_m[1,:],c ='#00CED1',label ='男生')
ax1.scatter(train_f[0,:],train_f[1,:],c ='#DC143C',label ='女生')
ax1.set_xlabel('身高/cm')
ax1.set_ylabel('体重/kg')
ax1.set_title('训练样本分布')
ax1.legend()

ax2 = plt.subplot(1,2,2)
nRow = errRec.shape[0]
nCol = errRec.shape[1]
ax2.plot(np.arange(1,nCol +1),errRec[0],label ='误差平方和')
ax2.set_xlabel('迭代次数')
ax2.set_ylabel('误差')
ax2.legend()

filename.write(" ===================错误分类表  =============\n")
filename.write("编号    标签    身高    体重 \n")
ind = np.array(ind)

for i in range(0,len(ind)):

filename.write("% d\t% f \t% f \t% f \n"% (ind[i],test1[ind[i]],testd[ind[i],0],testd[ind[i],1]))
    print(ind[i],'\t',test1[ind[i]],'\t',                 testd[ind[i],0],'\t',testd[ind[i],1],'\n')
filename.write("最终迭代次数 \n % d \n" % iteration)
filename.write("正确率:\n     % f% % \n"% (rate*100))
filename.close()
print('正确率:\n     % f% % \n'% (rate*100))
```

在最后的运行结果中，前 24 次迭代和最后 24 次迭代的误差如图 6-10 和图 6-11 所示。我们可以看到，随着反向传播神经网络的迭代次数的增加，误差是收敛的。

第 1 次迭代　误差：12.779495	第 1977 次迭代　误差：2.967762
第 2 次迭代　误差：11.399638	第 1978 次迭代　误差：2.967690
第 3 次迭代　误差：11.595360	第 1979 次迭代　误差：2.967618
第 4 次迭代　误差：17.725920	第 1980 次迭代　误差：2.967546
第 5 次迭代　误差：28.339908	第 1981 次迭代　误差：2.967474
第 6 次迭代　误差：7.596254	第 1982 次迭代　误差：2.967402
第 7 次迭代　误差：8.815249	第 1983 次迭代　误差：2.967331
第 8 次迭代　误差：6.918690	第 1984 次迭代　误差：2.967259
第 9 次迭代　误差：5.835072	第 1985 次迭代　误差：2.967188
第 10 次迭代　误差：7.575462	第 1986 次迭代　误差：2.967116
第 11 次迭代　误差：6.109290	第 1987 次迭代　误差：2.967045
第 12 次迭代　误差：7.794063	第 1988 次迭代　误差：2.966974
第 13 次迭代　误差：9.517216	第 1989 次迭代　误差：2.966903
第 14 次迭代　误差：7.377819	第 1990 次迭代　误差：2.966832
第 15 次迭代　误差：5.561939	第 1991 次迭代　误差：2.966761
第 16 次迭代　误差：6.604556	第 1992 次迭代　误差：2.966691
第 17 次迭代　误差：6.939656	第 1993 次迭代　误差：2.966620
第 18 次迭代　误差：6.089108	第 1994 次迭代　误差：2.966550
第 19 次迭代　误差：8.442594	第 1995 次迭代　误差：2.966480
第 20 次迭代　误差：6.897431	第 1996 次迭代　误差：2.966410
第 21 次迭代　误差：5.540191	第 1997 次迭代　误差：2.966339
第 22 次迭代　误差：6.179641	第 1998 次迭代　误差：2.966270
第 23 次迭代　误差：6.898213	第 1999 次迭代　误差：2.966200
第 24 次迭代　误差：5.597224	第 2000 次迭代　误差：2.966130
图 6-10　前 24 次迭代的误差	图 6-11　最后 24 次迭代的误差

最后的输出图像如图 6-12 所示。其中，图 6-12a 为训练样本分布散点图，图 6-12b 是误差变化曲线。从误差变化曲线可以很直观地看出误差随着迭代次数增强而逐渐收敛。

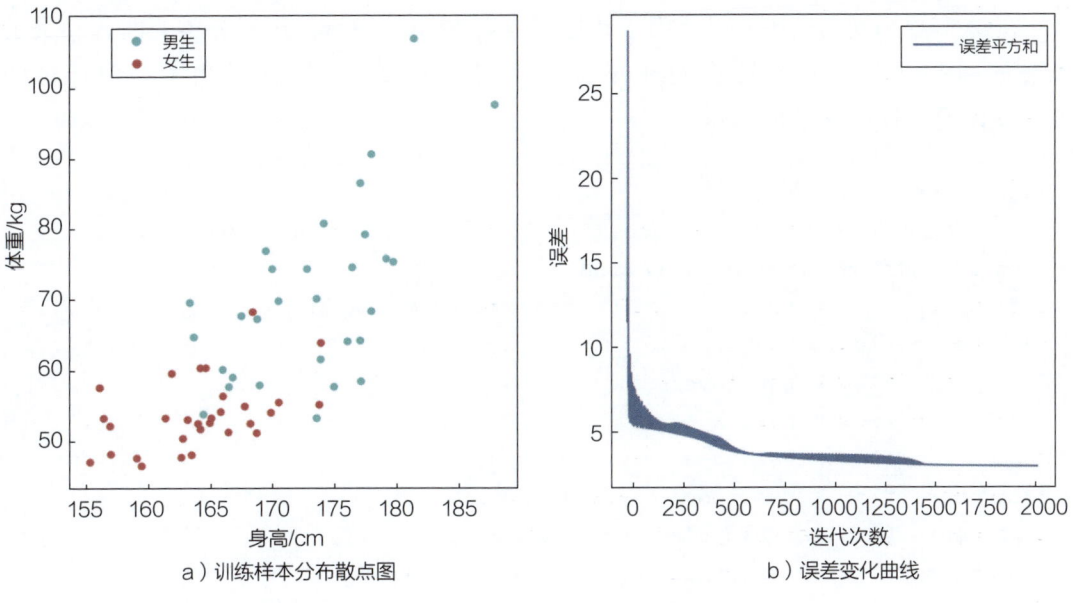

a）训练样本分布散点图　　　　　　　　b）误差变化曲线

图 6-12　运行结果图像输出

新手试练：肺炎 X 光检测

搭建一个神经网络，并使用 50 张肺部 X 光片样本训练模型，然后用这个模型判断新的 X 光片是否属于患者。如图 6‑13 所示，图 6‑13a 是 25 张肺炎检测呈阳性的 X 光片，图 6‑13b 是 25 张肺炎检测呈阴性的 X 光片。

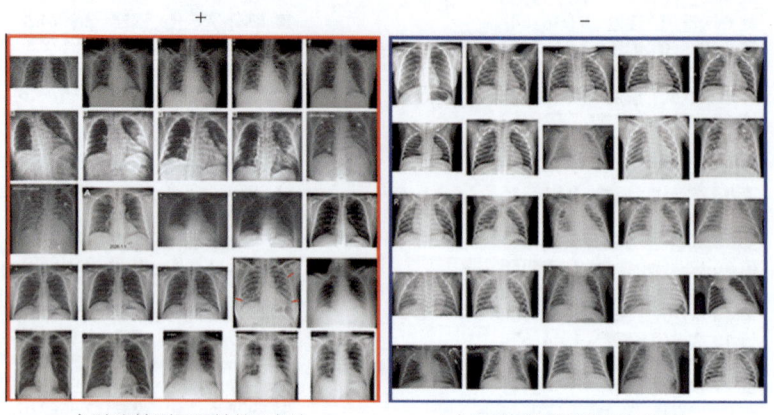

a）肺炎检测呈阳性的X光片　　　b）肺炎检测呈阴性的X光片

图 6‑13　肺部 X 光片样本图片

使用预训练模型搭建神经网络，并在预训练模型的基础上进行微调，得到判断 X 光片是否属于肺炎患者的模型。

（1）导入必要的模块和包

导入需要用到的模块，包括用于数据流编程的 tensorflow，用于分类、回归和聚类算法的 sickit-learn，用于图像处理的 cv2，用于画图的 matplotlib，用于数值计算的 numpy 以及工具包 imutils 和 os。

```
import tensorflow as tf
from tensorflow.keras.preprocessing.image import ImageDataGenerator
from tensorflow.keras.applications import VGG16
from tensorflow.keras.layers import AveragePooling2D
from tensorflow.keras.layers import Dropout
from tensorflow.keras.layers import Flatten
from tensorflow.keras.layers import Dense
from tensorflow.keras.layers import Input
from tensorflow.keras.models import Model
from tensorflow.keras.optimizers import Adam
from tensorflow.keras.utils import to_categorical
from tensorflow.keras.models import Sequential
```

```
from sklearn.preprocessing import LabelBinarizer
from sklearn.model_selection import train_test_split
from sklearn.metrics import classification_report
from sklearn.metrics import confusion_matrix
from imutils import paths
import matplotlib.pyplot as plt
import numpy as np
import cv2
import os
```

（2）设置训练集和测试集

设置训练集路径。

```
imagePaths = list(paths.list_images("dataset"))
```

取出训练集中的数据和标签。

```
for imagePath in imagePaths:
    label = imagePath.split(os.path.sep)[-2]
    image = cv2.imread(imagePath)
    image = cv2.cvtColor(image, cv2.COLOR_BGR2RGB)
    image = cv2.resize(image, (224, 224))
    data.append(image)
    labels.append(label)
```

对取出的数据和标签进行归一化处理，以便于后面的计算。

```
data = np.array(data) /255.0
labels = np.array(labels)
```

使用 LabelBinarizer 对标签进行二值化处理，即将之前的 normal 和 covid 转化为 0 和 1，避免二义性。

```
lb = LabelBinarizer()
labels = lb.fit_transform(labels)
labels = to_categorical(labels)
```

使用 train_test_split 方法将数据分为训练集和测试集。

```
(trainX, testX, trainY, testY) = train_test_split(data, labels, test_size
=0.2, random_state=42)
```

使用 ImageDataGenerator 方法进行数据增强，即采用裁剪、旋转、缩放等方法获得新的图片，以避免样本数量过少产生欠拟合的方法。

```
trainAug = ImageDataGenerator(    #用于数据增强
    rotation_range=15,            #旋转
    fill_mode="nearest")          #填充方式
```

（3）搭建神经网络模型

采用 VGG16 模型的前 13 层作为预训练模型，微调顶部的三层网络参数。
首先加载模型。

```
baseModel = VGG16(weights="imagenet", include_top=False,
    input_tensor=Input(shape=(224,224,3)))
```

固定 baseModel 中的模型参数。

```
for layer in baseModel.layers:
    layer.trainable = False
```

重置模型顶部的 3 层网络的参数，包括一个平均池化层和两个全连接层。

```
model = Sequential()
model.add(baseModel)
model.add(AveragePooling2D(pool_size=(4,4)))
model.add(Flatten())
model.add(Dense(64, activation='relu'))
model.add(Dropout(0.5))
model.add(Dense(2, activation='softmax'))
```

（4）编译模型

设定模型中的超参数。

```
INIT_LR = 0.001
EPOCHS = 25
BS = 8
```

设置损失函数、优化方法和精确度计算等参数。

```
print("[INFO] compiling model...")
##补全并运行编译的代码
model.compile(optimizer=opt, loss="binary_crossentropy", metrics=['accuracy'])
print("done")
```

(5) 模型训练

使用数据生成迭代器 trainAug 进行模型训练。

```
print("[INFO] training head...")
H = model.fit_generator(
    trainAug.flow(trainX, trainY, batch_size = BS),
    steps_per_epoch = len(trainX)//BS,
    validation_data = (testX, testY),
    validation_steps = len(testX)//BS,
    epochs = EPOCHS)
```

(6) 模型预测

输入测试集测试模型,将计算结果和数据自身标签进行比较,计算模型预测的正确率。

```
print("[INFO] evaluating network...")
predIdxs = model.predict(testX, batch_size = BS)
print(predIdxs)
predIdxs = np.argmax(predIdxs, axis = 1)
print(classification_report(testY.argmax(axis = 1), predIdxs,
    target_names = lb.classes_))
cm = confusion_matrix(testY.argmax(axis = 1), predIdxs)
total = sum(sum(cm))
acc = (cm[0, 0] + cm[1, 1]) /total
sensitivity = cm[0, 0] /(cm[0, 0] + cm[0, 1])
specificity = cm[1, 1] /(cm[1, 0] + cm[1, 1])
print(cm)
print("acc: {:.4f}".format(acc))
print("sensitivity: {:.4f}".format(sensitivity))
print("specificity: {:.4f}".format(specificity))
```

绘制损失函数与准确度图像。

```
N = EPOCHS
plt.style.use("ggplot") # 使用 ggplot 这种绘图风格
plt.figure() # 绘制图像
plt.plot(np.arange(0, N), H.history["loss"], label = "train_loss")
plt.plot(np.arange(0, N), H.history["val_loss"], label = "val_loss")
plt.plot(np.arange(0, N), H.history["accuracy"], label = "accuracy")
plt.plot(np.arange(0, N), H.history["val_accuracy"], label = "val_accu\racy")
```

```
plt.title("Training Loss and Accuracy on pneumonia Dataset") #设置标题
plt.xlabel("Epoch #") #设置横轴名称
plt.ylabel("Loss/Accuracy") #设置纵轴名称
plt.legend(loc = "lower left") #图例放置在左下角
plt.savefig("plot")
```

储存模型以备新的 X 光片检测。

```
print("[INFO] saving pneumonia detector model...")
model.save("model",save_format = "h5")
```

任务实施

代码如下所示:

```
import tensorflow as tf
from tensorflow.keras.preprocessing.image import ImageDataGenerator
from tensorflow.keras.applications import VGG16
from tensorflow.keras.layers import AveragePooling2D
from tensorflow.keras.layers import Dropout
from tensorflow.keras.layers import Flatten
from tensorflow.keras.layers import Dense
from tensorflow.keras.layers import Input
from tensorflow.keras.models import Model
from tensorflow.keras.optimizers import Adam
from tensorflow.keras.utils import to_categorical
from tensorflow.keras.models import Sequential
from sklearn.preprocessing import LabelBinarizer
from sklearn.model_selection import train_test_split
from sklearn.metrics import classification_report
from sklearn.metrics import confusion_matrix
from imutils import paths
import matplotlib.pyplot as plt
import numpy as np
import cv2
import os

imagePaths = list(paths.list_images("dataset"))
data =[]
labels = []
for imagePath in imagePaths:
```

```python
        label = imagePath.split(os.path.sep)[-2]  # os.path.sep 路径分隔符
        # 使用 cv2.imread() 函数读取 imagePath 路径中的图片数据
        image = cv2.imread(imagePath)
        # 使用 cv2.cvtColor() 函数将图片从 BGR 格式转为 RGB 格式,转换格式的参数为 cv2.COLOR_BGR2RGB.
        image = cv2.cvtColor(image, cv2.COLOR_BGR2RGB)
        # 使用 cv2.resize 函数将图片大小统一设置为(224,224)
        image = cv2.resize(image, (224, 224))
        data.append(image)
        labels.append(label)
# plt.imshow(data[1])
data = np.array(data) / 255.0
labels = np.array(labels)
lb = LabelBinarizer()
labels = lb.fit_transform(labels)
labels = to_categorical(labels)
(trainX, testX, trainY, testY) = train_test_split(data, labels, test_size
=0.2, random_state=42)
trainAug = ImageDataGenerator(    # 用于数据增强
    rotation_range=15,    # 旋转
    fill_mode="nearest")    # 填充方式
baseModel = VGG16(weights="imagenet", include_top=False,    # 这个地方需要
下载很久,include_top=False 表示不要顶层的三个全连接层
    input_tensor=Input(shape=(224, 224, 3)))
for layer in baseModel.layers:
    layer.trainable = False
model = Sequential()
model.add(baseModel)
model.add(AveragePooling2D(pool_size=(4, 4)))
model.add(Flatten())
model.add(Dense(64, activation='relu'))
model.add(Dropout(0.5))
model.add(Dense(2, activation='softmax'))
# model.summary()
# 补充超参数设置代码
INIT_LR = 0.001
EPOCHS = 25
BS = 8
opt = Adam(lr=INIT_LR, decay=INIT_LR/EPOCHS)
```

```python
print("[INFO] compiling model...")
## 补全并运行编译的代码
model.compile(optimizer = opt, loss = "binary_crossentropy", metrics
 =['accuracy'])
print("done")
print("[INFO] training head...")
H = model.fit_generator(
    trainAug.flow(trainX, trainY, batch_size = BS),
    steps_per_epoch = len(trainX)//BS,
    validation_data = (testX, testY),
    validation_steps = len(testX)//BS,
    epochs = EPOCHS)
print("[INFO] evaluating network...")
predIdxs = model.predict(testX, batch_size = BS)
print(predIdxs)
L = 5
W = 2

fig, axes = plt.subplots(L, W, figsize = (12, 12))
axes = axes.ravel()

for i in np.arange(0, L * W):
    axes[i].imshow(testX[i])
    axes[i].set_title('labels = {}'.format(testY[i]))
    axes[i].axis('off')

plt.subplots_adjust(wspace = 1)
predIdxs = np.argmax(predIdxs, axis = 1)
print(classification_report(testY.argmax(axis = 1), predIdxs,
  target_names = lb.classes_))
cm = confusion_matrix(testY.argmax(axis = 1), predIdxs)
total = sum(sum(cm))
acc = (cm[0, 0] + cm[1, 1]) /total
sensitivity = cm[0, 0] /(cm[0, 0] + cm[0, 1])
specificity = cm[1, 1] /(cm[1, 0] + cm[1, 1])
print(cm)
print("acc: {:.4f}".format(acc))
print("sensitivity: {:.4f}".format(sensitivity))
print("specificity: {:.4f}".format(specificity))
```

```
N = EPOCHS
plt.style.use("ggplot") #使用 ggplot 这种绘图风格
plt.figure() #绘制图像
plt.plot(np.arange(0, N), H.history["loss"], label = "train_loss") #从训练
过程中找到历史损失数据,将其绘制出来,命名为"train_loss"

#通过 H.history["val_loss"]绘制验证集损失,命名为 val_loss
plt.plot(np.arange(0, N), H.history["val_loss"], label = "val_loss")
#通过 H.history["accuracy"]绘制训练集精度,命名为 accuracy
plt.plot(np.arange(0, N), H.history["accuracy"], label = "accuracy")
#通过 H.history["val_accuracy"]绘制验证集精度,命名为 val_accuracy
plt.plot(np.arange(0, N), H.history["val_accuracy"], label = "val_
accuracy")
plt.title("Training Loss and Accuracy on pneumonia Dataset") #设置标题
plt.xlabel("Epoch #") #设置横轴名称
plt.ylabel("Loss/Accuracy") #设置纵轴名称
plt.legend(loc = "lower left") #图例放置在左下角
plt.savefig("plot")
print("[INFO] saving pneumonia detector model...")
model.save("model", save_format = "h5")
```

代码运行后结果如图 6-14 和图 6-15 所示。

```
Epoch 1/25
5/5 [==============================] - 9s 2s/step - loss: 0.8540 - accuracy: 0.4750 - val_loss: 0.8124 - val_accuracy: 0.3000
Epoch 2/25
5/5 [==============================] - 10s 2s/step - loss: 0.8102 - accuracy: 0.6250 - val_loss: 0.7573 - val_accuracy: 0.3000
Epoch 3/25
5/5 [==============================] - 10s 2s/step - loss: 0.6670 - accuracy: 0.6250 - val_loss: 0.7355 - val_accuracy: 0.3000
Epoch 4/25
5/5 [==============================] - 9s 2s/step - loss: 0.7782 - accuracy: 0.4750 - val_loss: 0.6384 - val_accuracy: 0.8000
Epoch 5/25
5/5 [==============================] - 10s 2s/step - loss: 0.7302 - accuracy: 0.6250 - val_loss: 0.5671 - val_accuracy: 0.9000
Epoch 6/25
5/5 [==============================] - 9s 2s/step - loss: 0.6263 - accuracy: 0.7000 - val_loss: 0.6165 - val_accuracy: 0.7000
Epoch 7/25
5/5 [==============================] - 9s 2s/step - loss: 0.5626 - accuracy: 0.7250 - val_loss: 0.6030 - val_accuracy: 0.7000
Epoch 8/25
5/5 [==============================] - 9s 2s/step - loss: 0.5650 - accuracy: 0.7500 - val_loss: 0.5791 - val_accuracy: 0.7000
Epoch 9/25
5/5 [==============================] - 9s 2s/step - loss: 0.5478 - accuracy: 0.7500 - val_loss: 0.5671 - val_accuracy: 0.7000
Epoch 10/25
5/5 [==============================] - 8s 2s/step - loss: 0.5062 - accuracy: 0.7500 - val_loss: 0.5773 - val_accuracy: 0.7000
Epoch 11/25
5/5 [==============================] - 10s 2s/step - loss: 0.4818 - accuracy: 0.8500 - val_loss: 0.5289 - val_accuracy: 0.9000
```

图 6-14　模型迭代过程

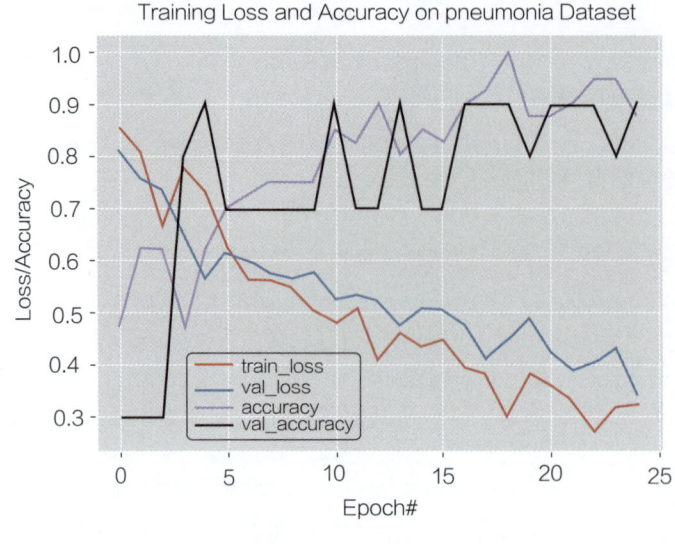

图6-15　X光片肺炎检测计算结果

【单元小结】

1）人工神经网络：神经元组成的广泛并行互联网络。

2）反向传播神经网络实现步骤：输入样本，计算输出值，计算误差，反向计算各个连接权值，迭代上述过程。

3）神经网络搭建步骤：导入依赖的模块，设置训练集和测试集，搭建神经网络模型，编译模型，模型训练。

【单元测试】

一、习题

1. 神经元的数学模型是在哪一年提出的？（　　）

    A. 1957　　　　　B. 1939　　　　　C. 1943　　　　　D. 1982

2. 人工神经网络的英文全称是（　　）。

    A. Automatic Neural Network　　　　B. Artificial Neural Network
    C. Automatic Neural Netware　　　　D. Artificial Neural Netware

3. 下列哪种函数是可微的？（　　）

    A. 阶跃函数　　　B. ReLU 函数　　　C. 符号函数　　　D. Sigmoid 函数

4. Hebb 学习规则是在哪一年提出的？（　　）

    A. 1957　　　　　B. 1939　　　　　C. 1943　　　　　D. 1982

5. 感知器模型是在哪一年被首次提出的？（　　）

    A. 1957　　　　　B. 1939　　　　　C. 1943　　　　　D. 1982